위 기 의 한 국 교 회 ,
진 단 과 대 안

위기의
한국 교회,

진단과
대안

허호익
김경호
정종훈
최형묵

함께 씀

동연

서문

현재 한국 사회의 화두는 공정사회입니다. 8·15 경축사에서 이명박 대통령이 어떤 의도로 공정사회를 말했는가에 대한 해석은 분분할 수 있지만, 공정사회가 화두로 등장한 것은 그 자체로 다행한 일입니다. 이제는 아버지가 장관인 부처에서 딸이 특채로 채용되는 것은 찾아보기 힘들어야 하겠지요. 아버지가 기업의 총수라 해서 자식이 그 자리를 승계하는 것 역시 어려워야 하겠지요. 부모를 배경으로 공직이나 직장에 채용되는 것은 분명 공정성을 깨뜨리는 것이기 때문입니다.

최근 미국에서 대학입시를 위한 SAT시험 성적의 결과를 분석해 보니 학생들은 정확하게 부모의 연봉에 비례해서 점수를 받았다고 합니다. 부모의 물질적 삶의 조건이 대를 물려 자식들의 학업수준을 결정하고, 학업수준은 다시 그 자식의 삶의 수준을 결정하고 있음을 만천하에 보여준 셈이지요. 미국의 교육제도와 삶의 양식을 흉내 내고 있는 한국 사회도 거의 비슷한 상황에 있다고 하지요. 우리가 흔히 하는 말로 모든 인간은 세상에 벌거벗고 평등하게 태어난다고 하지만, 사실은 평등한 것이 아니지요. 부모의 물적 또는 지적 수준이 임신 초기부터 이미 모든 자식들에게 작용하기 때문입니다.

지금 한국 사회는 공정을 말하고 있는데, 한국 교회의 상황은 어떠할까요? 아버지 목사가 은퇴하면서, 그 자리에 아들이나 사위를 후임자로 세우는 것이 빈번해지고 있지요. 아버지 목사를 능가하는 아들이나 사위라면, 스스로의 능력으로 다른 곳에서 임지를 찾는 것이 당당할 텐데 사실은 능력이 부족한 모양입니다. 총회의 임원을 능력에 따라 인사하기보다는 지역 출신에 따라서 적당히 배분한다고 하지요. 특정 부서의 책임자를 선발할 때, 그 부서의 전문성을 제대로 발휘할 수 있는 인사라야 총회를 발전시킬 수 있음을 모르는 사람은 없을 것입니다. 지금 우리는, 세상은 공정성을 해치는 것에 대해서 심각하게 문제제기를 하고 있는데, 교회는 공공연하게 불공정한 현실을 방치하거나 오히려 강화하고 있지 않는지 냉철하게 살펴보아야 할 때입니다.

2010년 올해는 연세신학연구회가 창립 30주년을 맞이한 해입니다. 우리는 1980년 전두환 장군이 정권을 찬탈하고 전면에 등장했던 시절에 한국 사회에서 신학자로 신학을 한다는 것이 무엇을 의미하는지, 목회자로 어떻게 건강하게 목회할 수 있는지 등을 함께 고민하기 위해서 모이기 시작했지요. 우리는 정기적인 모임에서 대화하는 가운데 서로에게서 큰 도전을 받았고, 도전받은 만큼 자기 삶의 자리에서 치열하게 살아내고자 노력했지요. 우리는 지금도 서로에 대한 신뢰와 기대를 잃지 않고 있으며, 젊은 시절의 고민을 무화(無化)시키지 않으려 애쓰고 있지요. 우리는 연세신학연구회의 창립30주년을 그냥 지나치기보다는 작은 의미라도 창출하고자 모임의 장을 마련하기로 했지요. 그래서 우리는 한반도에서 신학과 목회를 어떻게 해야 할지 자기 반성적 차원에서 글을 준비하고 발표하기로 했지요. 이 일을 위해서 물심양면으로 수고를 아끼지 않은 선후배님들, 동기들, 평생 함께 갈 삶의 동지들 모두에게 깊은 감사를 드립니다. 우리가 모은 뜻과 몇 편의 글들이 한국 교회가 어디로 가야 할지, 우리 자신의 신학과 목회는 무엇을 지향해야 할지 등을 성찰하는 데 작게라도 기여할 수 있으면 좋겠습니다. 하나님의 크신 평화와 인도하심이 사랑하는 여러분에게 늘 함께 하시기를 축원합니다.

2010년 9월 22일
연세동산에서 편집자 정종훈

차례

신 앙 실 천 적 접 근

신앙의 생활화와
예수살기

김경호

들꽃향린교회 목사,
예수살기 영성 교육위원장

1. 들어가는 말

필자에게 주어진 제목이 "신앙의 생활화와 예수살기"이다. 그 야말로 경험과 실천의 이야기를 하라는 것이다. 그러기에 논문 형식의 글보다는 필자 자신이 겪은 목회와 기독교 사회운동의 경험을 바탕으로 그 안에서 느끼는 새로운 기독교에 대한 비전을 거칠게 그려보려 한다. 진보적 기독인들의 모임인 예수살기는 그 창립선언문에서 다음과 같이 밝히고 있다.

"한국 교회는 하나님께서 활동하시는 역사적 현장을 유기하고 예수를 따르는 삶을 단지 개인 심령 속에서만 찾는 오류를 범하고 있다. 예수 믿기는 예수 알기에서 시작되어야 하며 예수 따르기를 넘어 예수 살기에까지 나아가야 한다. 지금은 우리가 잃어버린 삶을 회복하는 새로운 기독운동이 절실한 때이다. 이제 예수를 믿는 신앙을 넘어서 예수를 사는 운동으로 나아가야 한다. 역사를 외면하고 단지 종교적 영역 안에 갇혀버린 기독교, 삶을 간과하고 단지 말의 차원으로 숨어버린 기독교는 지금 위기를 겪고 있다. 기독인의 말을 사회가 불신하며, 목회자의 말을 신도들이 신뢰하지 못하는 지경에 이르렀다. 이제 더이상 나아갈 데가 없이 추락해버린 한국 교회 모습은 어느 누구의 책임이라기보다 예수의 삶을 제대로 살지 못한 우리들의 허물임을 고백하며 회개하는 심정으로 예수 살기의 새로운 운동으로 나아가고자 한다.[1]

예수는 우리의 전 존재로 자신을 따라 나설 것을 요청하셨다. 예수가 가르친 구원은 개인의 심리적 위안이나 죽은 후에 타계에서 이루어지는 구원만이 아니다. 예수의 구원은 개인의 경건과 사회적 성화, 더 나아가 우주적 성화까지 지향한다.

실제로 참된 기독인은 역사의 고비마다 민족과 민중의 고난에 동참해왔으며 그것은 예수를 따르는 삶의 순수성을 지키고자 하는 운동이었다. 기독교가 사회에 영향력을 미치고 우리 사회를 새롭게 하는 것은 교세의 크기나 교리가 아니다. 오직 우리의 삶을 새롭게 하는 운동만이 진정한 기독교의 개혁을 이룰 수 있다.

---

1)「예수살기 창립선언서」(2008. 3)

2. 삶, 과정, 하나 되는 기쁨

세계는 최근 100년간 지난 수만 년 동안 진행되어온 환경 파괴보다 수십 배에 해당하는 파괴가 진행되어왔다. 경제를 셈하는 수치인 GDP, GNP—국내총생산, 국민총생산—이것의 숫자가 높아진다고 인간의 삶의 질이 높아지는 것이 아니다. 그것은 단지 총량으로 경제를 셈하는 것이다. 경제 만능주의자들이 늘 제시하는 장밋빛 청사진에도 불구하고 끊임없이 빈익빈 부익부는 심화되어왔고 경제 활동과 경제 행위가 지속될수록 부를 가진 사람들은 자신의 부를 늘리는 속도를 더해가고 부자 나라들은 가난한 나라를 착취했다. 자연을 황폐하게 하고 가진 사람들이 못 가진 사람들의 주머니를 털어내는 방식이 이른바 '경제'라는 이름으로 연구되고 있다.

경제가 발전한 나라일수록 부의 편재는 심각해지고 있다. 신자유주의는 노골적으로 불균형과 착취를 찬양하는 부자들 중심의 사상이며, 인류 역사상 가장 천박한 사상이다. 신자유주의자들은 경제와 효율성을 찬양하고, 맘몬을 신의 자리에 앉히고 맘몬을 위해 인간을 효율적, 비효율적 인간으로 구분하며 자신들이 정한 가치 기준에 효율적이지 못하다고 생각되는 사람들을 대규모 폐기 처분(정리해고)해버린다. 선배의 경험을 중시하는 동양적 사상은 사라졌고, 50대만 되어도 퇴출의 위협을 받고 있으며, 인간이 사라진 자리에 맘몬이 주인 행세를 하고 있다. 그런가 하면 유명세를 타는 인물들에게는 수십 수백억의 연봉을 안기고 있다. 사람의 삶에 기초한 경제가 아니라 도박과 한탕주의에 기초한 경제이다.

여기에 지구 공존의 가치는 없다. 지구는 유일하게 인간, 그중에 자본을 가지고, 더 큰 자본을 남길 수 있는 사람들만의 세상이 되고, 인간이 돈을 확보하는 수단으로 수억 년 동안 유지되어온 산림, 산과 강들이 파헤쳐진다. 지구는 수억 년 동안 모든 생명체들이 함께 생명을 유지해온 공동의 삶의 터전이다. 인간이 당대의 경제적 이득을 취하기 위해 수억 년 동안 생성된 자연의 질서를 무작정 파괴하고 지하지원을 마구 채취하고 산과 강을 제멋대로 하는 행위는 가장 큰 범죄행위이다.

이런 자연과 인간에 대한 착취에 근거한 종래의 경제학에 맞서서 생태적으로 건전하고 지속가능한 경제이론을 모색하는 모임들이 생겨나고 있다. 이런 모임에 속한 미국의 한 가정주부인 캐럴 브루이에(Carol Brouillet)는 "우리가 믿는 가치에 충실하게 살기 위해서는 우리는 우리의 생활패턴과 우리가 의존하고 있는 가장 기본적인 시스템을 변경시키지 않으면 안 된다."고 한다. 그녀는 "우리가 음식과 옷과 집을 어떻게 마련하고, 교통수단을 어떻게 선택하며 아이들을 어떻게 교육시키는가—이 모든 것은 보다 큰 의미를 띠며, 우리의 신념체계와 가치를 알리는 정치적 행동이 된다. 이 일은 하룻밤 새 일어날 수 없다. 그러므로 우리 각자는 오늘날 세계에서 '대변환'을 위한 모순과 역설을 목도하면서 그것을 체험하지 않을 수 없다."고 주장한다.[2]

또한 그녀는 지금과는 다른 종류의 돈을 만들어내는 것을 가정한다. 즉 자연과 인간에 대한 착취에 근거한 돈이 아니라 "건강한 인간관계를 장려하고 공동체를 형성하고, 환경을 복구하는 일 등 우리가 소중히 여기는 것에 기초한 새로운 돈"을 상상해본다.[3] 이런 종류의 화폐가 이미 지역화폐로 몇몇 공동체에서 시도되고 있기도 하다. 인간의 노동과 봉사, 타인을 위한 공헌, 자연에 대한 재활용 등에 근거한 화폐들인데, 이것은 인간의 지속가능하고 생태적이며 타인과 공존하는 새로운 삶의 방식에 근거한 새로운 경제를 시도해보려는 것들이다.

현대인들은 필요한 모든 것을 시장에서 구입한다. 돈이라는 절대 권력을 휘두르고 싶어한다. 돈이면 얼마든지 세련되고 완성된 제품을 손쉽게 구할 수 있어 그런 구매욕으로 삶의 기쁨을 대신하고 있다. 그런데 이러한 삶은 기쁨이 없다. 현대인들은 그 과정의 기쁨을 상실해버렸다. 즉, 삶을 잃어버린 것이다. 삶의

2) Carol Brouillet, "경제에 대한 여성주의의 시각," 『녹색평론선집 3』(서울: 녹색평론사, 2009) 167.
3) *Ibid.*, 172

과정에서 오는 기쁨마저도 화폐로 사들이니 사람들은 쉽게 돈의 노예가 된다. 욕심만큼 수입이 따르지 못할 때 견디지 못하게 되고, 더러 재물을 얻는 데 남다른 재주가 있는 사람이라고 하더라도 그렇게 해서 얻는 기쁨은 일시적일 뿐이다.

왜 과정을 소중하다고 하는가? 우리가 땀 흘리며 일하는 과정은 오히려 고통스럽고 힘들 수 있다. 그럼에도 불구하고 과정이 소중하다고 생각하는 것은 결국 사람이 소중하기 때문이다. 우리의 삶은 물질이나 어떤 결론을 얻어내는 것이 목표가 아니라 그 과정에서 사람을 만나고 사귀고 서로의 마음을 나누는 것이다. 김치 하나만 놓고도 서로 마음이 통하면 진수성찬이 될 수 있고, 통하지 않으면 최고급 뷔페도 못마땅할 수 있다. 여름철 바캉스를 가면 텐트를 치고 생활한다. 무엇 하나 편한 것이 없다. 먹고, 자고, 모기 달려들고, 화장실 이용 등 모두가 불편하기 이를 데 없다. 그러나 그 시간이 그렇게 기다려지는 것은 함께 어울리는 사람들이 좋고 그 사귐이 기쁘기 때문이다.

성경은 '성령께서 우리를 평화의 매는 줄로 하나 되게 하신다.'(엡 4:3)고 한다. 과정이 소중한 이유는 그것을 통해서 우리가 하나 되기 때문이다. 그런 과정을 통해서 너와 내가 만나고, 알고, 서로를 이해하고, 함께 나누며 서로 충만하게 만들어가기 때문이다. 하나님 나라는 어떤 객관적인 기준, 소득이 얼마 이상 되고, 집이 몇 평 이상 되는 그런 것이 아니다. 너와 내가 닫힌

가슴을 열고 서로를 만나고 하나 되어가는 기쁨이 바로 성령께서 우리에게 주시는 기쁨이다.

필자가 시무하는 들꽃향린교회에서는 우리 절기에 따른 떡 만들기, 장 담그기, 옷 만들기, 부모가 만들어주는 성탄선물, 면 생리대 만들기, 나물 캐기, 눈썰매 타기 등 여러 가지 우리 삶에 관련된 행사들을 한다. 시장에서 상품으로 구입하던 것들을 직접 만드는 방법을 배우면서 우리 전통의 삶을 보존하는 한편 오직 화폐에 의존하여 결과물을 구입하는 시장경제의 삶의 과정 속에서 잃어버린 것들을 찾는 시간을 갖는다. 이 시간은 어른이건 어린이건, 남자건 여자건 모두가 만족할 수 있는 시간이다. 이런 프로그램들을 통해서 상품에 중독된 자신을 깨닫게 되고 자연스럽게 삶의 과정과 그 과정을 통해서 서로를 만나가는 새로운 기쁨을 찾아가게 된다.

흔히 교회에서 갖는 프로그램은 성경 공부, 토론, 영성 나누기 등 대부분이 지적, 영적 활동인데 이것은 몸의 활동과는 다르기 때문에 머리가 뛰어나든가 언어능력이 두드러지는 사람들이 부각되기 쉽다. 그러나 이런 일상의 생활을 교회의 프로그램으로 가져오면 그동안 교회에서 소외되었던 평범한 생활인들이 신바람 나서 주인으로 설 수 있게 되는 계기가 된다. 이런 과정을 통해서 다양한 경험을 가진 교우들 모두가 어느 누구도 소외되지 않고 주인으로 함께 나설 수 있게 된다.

떡 만들기를 한다고 떡이 목표가 아니다. 선물을 만든다고 선물 자체가 목표가 아니다. 면 생리대 하나 있고 없는 것이 문제가 아니다. 그것을 만드는 과정에서 함께 어울리고 마음을 나누며 서로에 대해 관심을 갖게 되는 것, 상대를 있는 그대로 인정해주며 어울리는 과정에서 드러나는 좋은 습관이나 성품, 재주에 대해 서로를 깨닫고 자신을 열고 성령께서 주시는 새로운 관계로 초대받는 것이 목표이다. 이런 과정들이 서로를 받아들이고 서로의 소중함을 체험하기 위해 진행되기에 프로그램들을 통해서 나와 너의 장벽이 허물어지고 새로운 관계가 열릴 수 있다. 오히려 자꾸 분별하고 쪼개는 분석력을 토대로 한 지적 활동보다는 생활을 나누는 삶의 활동은 몸의 활동이기에 서로가 하나됨을 체험하기에 적합하다. 뿐만 아니라 서로의 마음을 담을 수 있는 결과물이 기념물로 남아 좋은 기억을 오래 추억할 수 있게 해주기도 한다.

예수님의 비유에 등장하는 다양한 삶의 모습, 부엌의 일, 여성들의 삶, 농부와 노동자의 평범한 일상을 소재로 한 말씀들에서 우리는 심오한 의미만을 찾으려 할 것이 아니고 그런 비유들을 낳은 예수님의 소박한 삶의 방식 자체를 복원하고 따라가야 한다. 삶의 복원 없이는 예수 그리스도를 따라가는 공동체도 함께 살아가는 기쁨도 찾기 어려울 것이다.

과정 속에 기쁨이 있다. 명절이 되어 온 가족이 마주 앉아 만두를 빚고, 송편을 만들며 서로 웃고 떠들며 만들어 먹는 음식은 맛이 있을 수밖에 없다. 바로 그 과정이 삶이며 그 과정 속에 너와 내가 만나고 이해하고 사귀고 깊이 나누는 것이 성령의 삶이라고 생각한다. 진정한 삶의 구조의 변화 없이 우리의 일상 밖에 존재하는 초월한 영과 나누는 특별한 교감만을 강조하게 되면 그것을 찾은 만큼 우리의 삶과는 멀어지는 종교를 세우게 되며 그것은 결국 허구이다.

주변에 흔한 것들, 일상에 널린 모든 것이 소재이다. 물건이나 일 자체가 목표가 되면 그것을 만들어내는 과정에서 오히려 주체가 되는 사람들이 소외되기 쉽다. 썩 좋은 결과물이 안 나와도 좋다. 그것을 만드는 과정에서 아이디어를 내어 추진하는 사람, 맡아서 하는 사람의 능력과 헌신, 우스개 이야기로 분위기를 돋우는 사람, 매사에 배우려고 애쓰는 노력하는 사람, 말없이 남을 돕는 사람들을 읽어내는 것이 중요하다. 이런 것들로 서로 열리고 긍정적인 마음으로 상대를 이해하고 받아들이는 계기를 삼게 된다.

세상에는 가진 자, 힘 있는 자들이 약자를 등치고 가난한 자를 더욱 어렵게 만들며 자신의 이해만을 추구하는 사냥꾼의 기쁨이 넘쳐난다. 그러나 성령께서 주시는 기쁨은 타인들 위에 군림하고 그들 위에 우뚝 서는 기쁨이 아니고 그들과 하나 되는 기쁨이다. 관계가 기쁨을 만들어낸다.

하나 되는 기쁨이 우리끼리의 기쁨이라면 공허하다. 그것은 세상과 하나 되는 기쁨이고, 특별히 아픔을 겪고 있는 민중의 기쁨과 하나 되는 기쁨이어야 한다. 세상의 아픔에 눈감고 자기들끼리 자족하는 기쁨, 자기들만의 잔치 속에 하나 됨은 아무리 고상하고 아름다운 말을 내뿜는다 하더라도 그것은 진정한 하나 됨이 아니다. 경쟁적 세상이 빚어낸 희생자들, 누구보다도 깨어지기 쉬운 아픔을 가진 사람들과 하나 되는 기쁨이야말로 진정 성령의 역사에 참여하는 기쁨이다.

성령은 우리가 전 지구적으로, 사회적으로, 계급적으로 서로의 처지에 서서 이해하고 소통하게 하시며 하나 되게 하신다. 그것만이 우리들이 이루어야 할 성령의 역사이기에 우리는 진정 하나 되는 기쁨을 위해 공을 세우고, 그 공을 공으로 여기지 않는 경지에 이르러야 한다. 우리가 공을 세우는 것은 그것으로 하나 됨에 기여할 때에만 유용하다. 그러나 공을 세우고 그것을 자신 안에 쌓아놓고 남을 평가하고 구별하며 자기를 돋보여 드러내려고 한다면 그는 세운 공으로 인하여 성령을 훼방하는 것이다. 세상이 주는 어떤 기쁨보다도 지극히 적은 사람, 내가 차마 그 가치를 느끼지 못한 사람 안에서 참다운 가치를 찾아내고 감격할 수 있는 것이야말로 가장 큰 은혜를 입은 것이다. 성령을 받는다는 것이 이상한 말을 하고 별다른 능력을 갖는 것이 아니고 내가 보지 못하던 놀라운 은총을 바로 우리 이웃의 얼굴 속에서 찾아내는 것이다. 그것이 가장 큰 은사이다.

우리는 사회화 과정을 통해서 늘 논쟁에서 이기고, 주도권을 장악하고, 최종적인 승자가 되며, 자신의 의견이 관철되도록 주장하게끔 교육되어왔다. 우리는 일반적으로 우리 자신에 대한 우리의 지각(知覺)이 다른 사람들의 관점에 의존해 있으며, 우리가 서로 능동적으로 귀를 기울이고 존경한다면 서로에게서 크게 배울 수 있다는 사실을 가르침 받지 못했다. 우리는 대개 무의식적으로 자신의 견해를 주장하고 방어하면서 다른 사람들을 통제하고 지배하려 한다. 그리고 이런 낡은 시스템은 대중에게 자신의 아이디어를 일방적으로 밀어붙이는 '전문가들'에 의존하여왔다. 그러나 우리는 모든 사람의 참여를 적극 권장해야 한다. 그래서 서로서로에게 배우고, 우리가 맺는 모든 관계와 조직 속에서 공경심과 자비로움을 길러야 한다.[4]

나를 주장하고 드러내고 관철시키고 도드라지게 보이는 사람이 위대한 것이 아니라, 보이지 않게 숨어 봉사하므로 타인에게 소리 없는 기쁨을 주고, 어수룩하게 당함으로 남을 세워주고, 때로는 내가 기분 나쁜 것과 모욕당함을 견뎌냄으로써 서로의 관계를 세워가는 가치 그런 것을 귀중한 가치(돈)로 만드는 사회가 바로 하나님 나라이며 그런 재물이 바로 하늘에 쌓는 보화가 될

---

4) *Ibid.*, 175-176.

것이다. 우리는 덜어냄으로 하늘에 쌓고, 짐으로 이기고,[5] 우리 자신의 행복이 모든 사람의 행복과 떨어져 존재하지 않는 그런 사회에 기초한 새로운 삶과 체계가 요구된다.

3. 팔복을 통해 보는 예수살기

2장에서 이야기한 가치의 전도가 예수님의 팔복의 말씀 속에 그대로 나타난다. 예수님이 전하신 팔복의 말씀은 이것이 과연 복 있는 사람의 길인가 의심된다. 의를 위하여 박해를 받고, 예수로 인하여 박해받고 거짓으로 거슬러 모든 악한 말을 할 때, 복이 있다고 한다. 더군다나 병행귀인 누가복음 6장의 평지설교를 보면 아예 가난한 자, 슬피 우는 자, 지금 굶주리는 자가 복이 있다고 선언한다. 오늘날 우리들의 관행으로 볼 때, 지질이도 복 없는 사람들만 골라서 복이 있다고 선언하신다. 그만큼 삶의 기준점이 우리와는 사뭇 다른 세계를 가르쳐주시는 것이다. 팔복의 말씀을 하나하나 보면서 우리와는 다른 가치관으로 신앙인의 새로운 생활을 가르쳐주시는 예수님의 새로운 세계를 엿볼 수

---

5) 지고 이긴다는 말 자체가 전투적이다. 하지만 언어 자체가 가진 한계에도 불구하고 말을 떠나서 달리 표현할 길이 없다. 지는 것도 이기는 것도 아닌, 함께 하나로 어울려 사는 그런 경지의 사회가 하나님 나라일 것이다.

있다.

제1복은 마음이 가난한 자에게 주어지는 복이다.

누가복음 6장은 가난한자는 복이 있다고 했다. 누가의 들녘 설교가 보다 예수 공동체의 상황에 부합하는 것으로 보인다. 마태 공동체에는 보다 다양한 사람들이 있어 이를 심령이 가난한 자, 마음이 가난한 자라고 했다. 그렇다면 마태의 말씀은 예수의 말씀을 변질시키거나 후퇴시킨 것인가? 그렇지 않다고 본다.

안병무는 이를 "영에 있어서 가난한 자"로 번역했다. 누가의 가난한 자는 결핍된 상태로서 무엇을 필요로 하며 남의 도움을 요청할 수밖에 없는 약자의 모습인 데 대하여, 마태는 "영에 있어서"를 부각시킴으로 이런 소극적인 의미에서 적극적인 성격으로 전환한다. 가난한 자는 약하고 수동적이고 수혜적인 위치에 있지만, 영에 있어서 가난한 자는 능동적인 의식을 가지고 대처하는 자를 말한다. 즉 주체적 의식으로 윤리화되고 정신적인 민중을 말한다고 했다.[6]

이는 물질적인 것을 자신의 삶의 목표로 하지 않고 가난을 목

---

6) 안병무, "마태오의 민중적 민족주의," 『민중과 성서 - 안병무 전집 5』(서울: 한길사, 1993), 193.

표로 살아가는 사람, 아니 가난을 기쁨으로 여기는 삶을 가리킨다. 가난하지만 돈을 벌어야지, 출세해야지라고 생각하고 기회만 있으면 수단 방법을 가리지 않고 돈을 모으기 위해 혈안이 되어 있다면 그것은 복 있는 삶이 아니다. 가난하지만 떳떳하게 가난을 즐기며 가난과 함께 벗 삼아 살아갈 때, 그는 누구보다도 복이 있다. 가난하지만 가난을 족함으로 아는 삶이 마음이 가난한 것이다.

먹고 마시는 것과 자는 것만 해결되면 나머지는 마음먹기에 달렸다. 나물 먹고 물마시고 팔을 베고 누워서도 족하다고 여기는 안빈낙도(安貧樂道)의 경지, 가난과 친숙해지고 가난하게 살아가는 것을 기쁨으로 여길 수 있는 사람은 이미 하나님의 나라를 누리고 사는 것이다.

제2복은 애통하는 사람에게 주어지는 복이다.

애통할 수 있는 것, 눈물을 흘릴 수 있는 것이 얼마나 복된 일인가? 내가 지나쳐도 되고 무시해도 되는 이웃의 아픔을 나의 아픔으로 여기고 함께 그 자리에 서고 함께 손잡을 수 있다면, 그런 감성으로 늘 눈물 흘릴 수 있는 사람은 그 눈물 자체가 하나님께서 주시는 위로의 눈물이다. 우리가 함께 슬퍼할 수 있는 자리에서 하나님의 위로가 내린다. 함께 슬퍼하고 함께 눈물 흘릴 줄 아는 사람은 그 눈물 자체가 더없는 축복이다.

우리가 영성이라고 하는 것은 "이웃의 아픔에 함께 하는 예민한 센서"이다. 아픔에 함께 하는 자리에서 우리는 그들 가운데서 역사하시는 하나님을 만날 수 있다. 하나님은 세상에서 무시당하는 소리들, 아주 미세한 신음 소리 가운데 계시며 그들과 함께 아파하시고 눈물 흘리신다. 그 자리에 함께 서는 것이 우리가 영성을 회복하는 길이다. 헤셀은 예언에 대해서 "하나님이 인간의 아픔을 표현하라고 빌려주신 말"이라고 한다.

"예언이란 하나님이 인간의 아픔을 표현하라고 빌려주신 말이며 … 마치 하나님의 가슴으로부터 쏟아져 나와 인간의 가슴으로 뚫고 들어가려는 듯 강요하고 경고하고 앞으로 밀어붙이는 언어이다. 그것은 하나의 삶의 양식이며 하나님과 인간이 서로 만나는 접촉점이다. 하나님은 예언자의 말을 통하여 자신의 분노를 표출하신다.[7]

제3복은 온유한 자에게 주어지는 복이다.

---

[7] 아브라함 요수아 헤셀, 『예언자들』, 이현주 역(서울: 도서출판 삼인, 2004), 33 이하.

온유한 자가 땅을 받는다니 하나님께서 땅을 한 백 평쯤 주신다는 말인가? 땅을 상품으로 여기는 우리 방식의 개념으로 생각해서는 안 된다. 성서의 땅은 인격이다. 땅은 우리와 똑 같은 마음을 가졌고 같은 성정을 가졌다. 땅 자체가 느낌을 가졌고 하나님과 대화하기도 하고 찬양하기도 하며 복을 누리고 하나님께 호소도 하는 곳이다. 땅 자체가 느낌을 갖는다. 인간과 대화도 하고 인간과 동일한 피조물로 인간의 둘도 없는 파트너이기도 하다. 땅은 인간의 형제와 자매이며 인간과 함께 대화하고 하나님을 찬양하는 동역자이다. 성서의 안식년은 인간만을 쉬게 하는 것이 아니다. 땅도 쉬고 그 안에 거하는 가축도 쉬고 짐승도 편안히 먹을 수 있는 시간이 희년이다. 인간이 평화할 때 땅도 평화를 누린다. 인간이 범죄하면 땅이 탄식한다. 인간의 범죄로 말미암아 하늘의 새가 마르고 물 속 물고기가 씨가 마른다(호 4:1-4).

온유한 자에게 주신다는 땅(희랍어 ge, 히브리어 erets)은 자기에게 속한 영역의 땅을 가리키는 말이 아니다. 그냥 전체적인 땅, 지구를 주시겠다는 말이다. 온유한 자에게 재산을 주시겠다는 말이 아니다. 예수님을 따르려면 "자기 모든 소유를 나누어주고 나를 따르라!"고 하신 주님께서 상으로 땅을 백 평 주시겠다고 한다면 우스운 이야기가 된다. 여기서 땅은 땅의 평화이며, 자연의 순리이고, 세상의 이치이다. 마음이 온유하면 세상의 이

치를 얻을 것이다 하는 말씀이다. 안병무는 온유한 자를 비폭력적 저항을 말한다고 보았다.[8]

제4복은 의에 주리고 목마른 사람에게 주어지는 복이다.

누가의 병행구는 단순하게 '지금 굶주리는 사람'을 말한다. 그러나 마태는 의를 강조하여 그 계급적 지평을 확대시킨다. 의에 주리고 목마른 사람은 어떤 것보다 하나님의 의를 소중하게 여기고 사모하는 사람이다. 안병무는 마태가 "의를 위해서"라는 말을 덧붙임으로써 단순하게 굶주리는 자가 아니라 개인적으로나 사회적으로 불의에 맞서고 의를 위해 행동하는 적극적인 입장에 선 자로 그 성격을 바꾸었다고 한다.[9]

의라는 것은 참 지키기 힘든 것이다. 그것을 지켜나가려면 비용이 많이 드는 것인데, 그렇다고 하여 그것 스스로 어떤 대가를 생산하지도 못한다. 경제적으로 따지면 그야말로 고비용 저효율의 골칫덩어리다. 그래서 사람들은 쉽게 그것을 던져버리거나 잠깐 접어둔다. 그러면 어떤 대가가 손에 쥐어질 수 있는 것이 현실이다. 잠깐 눈감음으로써 의를 파는 것이다. 우리는 매순간

---

8) 안병무, "마태오의 민중적 민족주의," 『민중과 성서』, 195.
9) *Ibid.*, 194.

마다 수없이 이런 갈등을 접한다. 눈 한번 질끈 감고 의를 유보시키면 내게 큰 수입이 생길 수도 있고 높은 자리에 앉을 수도 있다. 의는 지키기는 힘들면서 별로 생기는 것은 없는 골칫덩어리라고 여기기에 의를 찾지도 사모하지도 않는다.

의를 지킨다는 것은 세상적인 힘, 세상의 지위나 경제력으로부터 자유하는 것을 말한다. 세상 힘으로부터 자유하는 일은 좋은데 이것은 가난을 수반한다. 이러한 것들이 의를 지키는 대가로 주어지는 쓴 잔이며 고통이다. 의를 지켜나가는 사람들이 악과 불의와 편법과 싸우기는 쉽다. 그러나 진짜 어려운 것은 내적으로는 가난과의 싸움에서 승리해야 하는 것이다. 그런데 주변 사람들이 오히려 이러한 약점을 이용하여 그들을 자기 손아귀에 두려고 한다. 어떻게 해서든지 그들이 스스로 굽힐 수밖에 없는 상황으로 몰고가려고 한다.

이리저리 우리 사이에 의가 팔려나가면 결국 하나님도 팔려나가게 되고 믿음도 교회도 아무 필요 없게 된다. 하나님께서 자리붙일 곳을 잃어버리시는 것이다. 의를 버리는 사회는 결국 인간도 버릴 뿐만 아니라 하나님도 버린다.

제5복은 자비한 사람에게 주어지는 복이다.

자비한 사람(긍휼히 여기는 자 - 개역개정)은 복이 있다고 하신다. 소통이 이루어지는 출발자리는 그 마음을 읽어주는 것, 긍휼히 여기는 것이다. 하나님께서 우리를 긍휼히 여기실 때 하나님과의 소통이 이루어진다. 교회는 기도가 하나님과 소통하는 창구라고 가르친다. 그러나 성서에는 기도로 소통하는 것보다. 훨씬 많은 경우가 하나님께서 긍휼히 여기실 때이다. 야훼 하나님은 이집트에서 고통받는 백성의 아픔을 보시고 그들이 부르짖는 소리를 들으셨다. 야훼께서 그들을 긍휼히 여기시는 데서 출애굽과 새 민족의 역사가 시작되었다. 그는 고아와 과부, 이방인, 품꾼, 가난한 자들의 부르짖는 소리를 들으신다. 하나님은 억울한 피가 호소하는 소리를 들으신다. 하나님께서 긍휼히 여기시는 곳에서 하나님과의 소통이 이루어지고 하나님의 새 역사가 시작된다.

하나님과 소통하는 방법은 기도만이 아니다. 오히려 성서의 더 많은 부분은 하나님께서 인간의 아픔이 있고 눈물이 있고 억울한 사연이 있는 곳에 직접 역사하신다고 한다. 하나님은 교회를 통해서 세상과 소통하시는 것이 아니라 직접 아픔이 있는 자리에 함께 하시며 역사하신다. 교회가 하나님을 독점하고 하나님을 교회나 성소에 묶어두려고 하며 특정한 장소, 특정한 시간에 묶어두려고 하지만 하나님의 긍휼하심은 종교적 경건만이 아니라 세상이 아파하는 자리에 나타나신다. 그곳에 하나님의 역사가 일어나고 사람들은 자비함을 입게 될 것이다.

제6복은 마음이 깨끗한 사람에게 주어지는 복이다.

비밀이 있고 숨길 것이 있고 드러내서는 안 될 것을 가진 사람들은 그것 자체로 고통을 겪고 있는 것이다. 비밀 자체가 죄악이라는 것은 아니다. 우리가 전적으로 열린 마음으로 신뢰할 수 있는 사회를 열기 전까지 개인의 비밀은 자기 자신을 지키기 위해서도 소중한 것이고 반드시 지켜져야 한다. 그러나 그것을 비밀스럽게 지켜가야 하는 개인은 그것 자체로 얼마나 불편한가? 이리저리 둘러대야 자기를 지켜갈 수 있는 것 자체가 충분히 고통스러운 것이다.

아무것도 숨길 것이 없고 매사에 마음에 품은 것을 있는 그대로 드러낼 수 있다면 그것이 복 있는 삶이다. 아무것도 숨길 것이 없이 마음이 깨끗한 사람은 그것 자체로 하나님을 보는 것이다. 불교의 여래(如來)란 본래 사물이 있는 그대로의 모습으로 내게 다가오는 것을 말한다. 잘했다 못했다 옳다 그르다를 판단하지 말고 있는 모습 그대로 이해하고 받아들이는 것, 있는 그대로의 상이 내게 다가오는 것이 여래의 세계이다. 우리 식으로 보면 하나님을 보는 것이다.

혼자서 갖는 생각과 대중 앞에서 드러내는 생각이 다르지 않으며, 언제 누구에게 이야기하든 그 말과 행동이 다르지 않는 사람이 마음이 깨끗한 사람이다. 그에게는 숨기는 것이 없으며 드러나도 부끄러울 것이 없다. 언제나 자신의 마음을 그대로 가감 없이 드러낼 수 있는 사람은 이미 하나님을 보고 있는 것이다.

제7복은 평화를 이루는 사람에게 주어지는 복이다.

에베소서는 "그리스도는 우리의 평화(개역개정은 화평)이시라" (2:14)고 한다. 크리스천들이 이 말씀을 오해한다. 이 말씀은 대립된 곳에 가서 중재하고 타협하고 서로 양보시키라는 애매한 중립을 요구하는 말씀으로 오해한다. 그렇게 한다면 우리는 가진 자, 지배자의 편을 들기 쉽다. 그들은 이미 모든 것을 가지고 가난한 자의 목을 죄어오고 있다. 약자들은 자기 생존의 기로에서 외마디 소리로 반항하고 외친다. 그것이 우리 사회에서 일어나는 소위 '갈등'의 본질이다. 그런데 그런 자리에 기독인들이 나타나서 중재하고 타협하라고 한다면 그것은 결국 기득권의 편을 드는 논리이다.

평화를 이루는 것은 갈등을 중재하는 행위가 아니라 "평화의 세상", "화해된 세상"을 이루라는 것이다. 동양적 의미로는 대동(大同)의 의미가 가깝다. 중국의 태평천국 운동은 대동 세상을 이루려는 운동이었고 노인과 어린이, 고아와 과부 등 약자들이 모두 평화롭게 사는 세상을 이루자는 운동이었다. 평화란 그 행위에 있는 것이 아니라 "평화의 세상, 화해된 세상"을 이루려는 노력이다.

제8복은 의를 위하여 박해를 받는 사람에게 주어지는 복이다.

안병무는 '의를 위하여 박해받는 사람'이란 단순히 의에 주리고 목마른 자를 넘어 일보 전진하여 적극적으로 의를 위하여 투쟁에 나선 민중을 말한다고 본다. 이들은 적극성을 띤 의식화된 자들로서 의식적으로 자기를 확립하고 현실에 참여하는 민중으로 그 성격이 바뀌게 되었다고 했다.[10]

의를 위하는데 왜 박해를 받나? 세상이 다 예사로 불의를 행하고 있는데 홀로 의로운 방법을 고수하는 사람이 있으면 다른 사람들이 불편해진다. 불의한 사람들이 자신들이 불편해지므로 의인을 박해한다. 세상은 자신의 불의가 드러날까 두려워서 의인을 가만 놔두지 않고 박해한다. 의인이 어떻게 해서든지 실족하기를 바라며, 자신들과 같은 공범자를 만들려고 애쓴다.

세상은 의인들이 어렵게 지켜온 '의'마저도 팔아먹도록 유도한다. 그렇게 함으로써 불의를 행하는 자들은 자기들의 양심에 거리낌이 되어오던 것들을 제거하고 의인의 입을 틀어막지만 그것은 결코 승리의 축포를 올려야 할 일은 아니다. 결국은 모두가

---

10) *Ibid.*, 196.

망하는 길을 재촉할 뿐이다. 사람들은 의를 지키는 것을 불편하게 생각하고 자기들과 같은 자리로 끌어내리려고 온갖 비난을 하며 음모를 꾀한다.

그러나 의는 매우 소중한 가치의 지표이다. "의인", 의로운 방법을 고수하는 사람들, 의를 지켜나가고자 노력하는 사람들은 우리에게 눈앞에 이익과는 거리가 멀지만 이익으로 셈할 수 없는 소중한 사람들이다. 만약 모두가 의를 포기한다면 어떻게 되겠는가? 우리가 우리의 자녀들에게 "너는 어떻게 해서든지 돈을 모으고 출세해라. 이웃을 생각하는 약한 마음을 갖지 말고 기회만 있으면 남을 등쳐먹고 짓밟고 올라서라. 그래야 네가 세상에서 생존할 수 있다."고 가르쳐야만 되는 세상이 될 수도 있다. 그렇게 된다면 도대체 우리가 산다는 것은 어떤 뜻을 가지게 될까? 단지 생존을 위해서 모든 인간적이고 신앙적인 것들이 무시되는 세상이 되어야 한다면 우리는 왜 살아가야 하는가 하는 궁극적인 물음에 부딪히게 된다. 의를 지키는 것은 거추장스럽게 여길지 모르지만 궁극적으로 세상을 살아가는 근본적인 동기와 이유를 제공하는 것이다. 그러기에 의인 열 명이 있었으면 소돔과 고모라는 망하지 않았어도 되었다. 의라는 가치가 스스로 붕괴된 사회는 이미 스스로 존재할 가치를 상실한 사회이다.

팔복의 말씀은 이 위에 예수의 말씀대로 살고자 하는 사람들이 겪어야 할 고난을 암시하며 그들이 당할 박해 상황을 덧붙인다.

> "너희가 나 때문에 모욕을 당하고, 박해를 받고, 터무니없는 말로 온갖 비난을 받으면, 너희에게 복이 있다. 너희는 기뻐하고 즐거워하여라. 하늘에서 받을 너희의 상이 크기 때문이다. 너희보다 먼저 온 예언자들도 이와 같이 박해를 받았다."(마태 5:11-12)

팔복은 지극히 일상적인 생활의 이야기이다. 그러나 오늘 우리가 바라고 그리는 삶의 세계와 상당히 다른 세계관, 가치관을 제시한다. 우리가 어떤 결사대적 행위를 해서 박해를 받을 것이 아니라 평범하지만 세상과 다른 가치로 살아갈 때, 세상은 스스로 견디지 못하고 박해를 가해온다. 하나님 나라는 우리의 마음과 삶의 방식이 바뀌는 것이 우선할 때 진정 우리에게 문을 두드리게 될 것이다.

4. 기독인들의 삶의 기준 세우기

예수살기를 하는 것은 자신의 삶의 일부를 내어서 할 것이 아니라 우리의 삶 전체가 전적으로 예수를 따라가게 해야 한다. 더욱이 한국 교회가 일반적으로 이해하듯이 특정한 고백문을 신조처럼 읊거나 일정한 종교 예식을 거쳐야만 되는 것은 아니다.

예수살기 운동은 사회적 이슈에 대한 저항운동, 정의에 위배되는 정책적 사안에 대해 반대하고 맞서는 운동을 넘어선다. 이런 운동은 중요한 운동이기도 하지만 잘못하면 모든 것을 남의 탓으로만 여기고 우리의 영혼을 분노와 증오로 채울 수 있다.

신앙운동, 종교운동은 잘못된 세상에 대해 하나님의 정의를 선포하는 것을 중요하게 생각하지만 그 운동에 참여하는 개개인의 도덕성과 영성에서 우러나오지 않는다면 공허하다. 오늘날 한국 교회가 비난의 대상이 되고, 사회의 조롱거리가 된 것은 도덕성의 부재에서 온 것이다. 자신이 도덕성을 갖지 않은 채 이웃을 위해 봉사를 한다는 것은 단지 힘의 과시로 비쳐질 뿐이다.

한국 교회가 펼쳐야 할 예수살기 운동은 사회정의를 깨고자 하는 사람들과 맞서며 가난한 사람, 억압받는 사람들의 편에 서는 일과 동시에 우리 자신의 삶을 바르게 세우는 데 게을러서는 안 된다. 먼저 우리 자신을 갈고 닦는 수련이 있어야 하며 이를 바탕으로 기독인 전체의 도덕성을 고양하는 운동이 되어야 한다. 이는 하나님께서 우리에게 심어주신 보편적인 양심, 생명, 인권, 평화 등에 대한 운동이며, 우리의 몸과 마음과 생활 등 전반적인 삶에서 하나님의 정의로운 뜻에 부합되는 운동이어야 한다.

정치-사회적인 지평에서는 보다 덜 사악한 것을 고르거나, 상대적으로 조금 더 정의로운 것을 고를 수 있지만 예수살기는 우리의 삶 전체에 대한 방향과 자세를 바로잡는 일이며 매일의 우리 일상을 개혁하고, 아주 미세한 부분에서부터 혁신하는 신앙고백적 운동이며 자기 혁신의 운동이어야 한다. 이를 규정하기는 매우 어렵지만 우리의 일상을 개혁하는 기준을 다음과 같이 조심스럽게 제안해 본다.[11]

1. 우리는 모두를 사랑으로 대한다. 그러나 똑 같은 방법으로서가 아니다. 우리는 눌린 자, 억울함을 당한 자는 보호하고 해방시킴으로써 사랑하고 명백하게 타인을 억압하고 불의를 행하는 자에게 대해서는 비판하고 그와 싸움으로써 사랑한다. 그러나 우리가 기본적으로 이웃을 대하는 자세는 사랑을 토대로 한다. 서로에 대해서는 깊이 존경하며 먼저 다가가서 사랑을 펼쳐나간다. 자신의 목적을 이루기 위해 어떤 누구를 희생 양으로 삼아 집단의 증오의 대상이 되게 하는 일에 가담해서는 안 된다.

---

11) 아래 내용은 필자가 초안하여 예수살기 제3회 총회(2009. 3)에 제안했던 "예수살기를 위한 삶의 선언"의 내용이다. 이것이 또 다른 율법적 잣대가 되어 사람을 판단하는 기준으로 쓰일 수 있기에 선언으로 규정하지는 않았으나 3차 총회 참고 자료로 실려 권장 사항으로 장려하였다.

주안에 참다운 형제-자매로서 또한 한길을 가는 동역자와 동지로서 항상 상대의 편에 서서 이해하며 사랑과 나눔의 폭을 넓혀가서 궁극적으로 예수의 정신으로 하나 되는 마음과 몸을 이루어간다.

2. 우리는 진실성을 회복하는 운동을 펼친다. 지금 한국 교회는 신뢰의 위기에 빠져 있다. 사회는 교회의 말을 믿지 못하고 교인은 목회자의 말을 믿지 못한다. 신뢰를 상실한 목회자가 무슨 설교를 하겠는가? 말에 진실성이 담기지 않을 때는 이미 말이 아니다. 말을 할수록 그 진의는 의심되며 서로를 더욱 복잡하게 만들 뿐이다. 한국 교회는 말씀의 회복운동이 필요하다. 그것은 그럴듯한 설교와 영감 넘치는 말씀으로 회복되는 것이 아니다. 오직 말의 진실성을 회복할 때라야 가능하다. 우리는 거짓을 말하지 아니하며 이 사람에게 한 말과 저 사람에게 한 말이 다르지 않아야 한다. 회중 앞에서 하는 말과 생활이 다르지 않아야 하며, 드러내는 말과 숨겨진 말(생각)이 다르지 않도록 노력하는 언어의 진실성 회복운동을 펴나간다.

3. 우리는 하나님 나라의 시민된 성도로서 그 나라의 의와 법을 따른다. 성직자는 성직의 본분을 지켜 하나님의 정의를 수행하는 입장에서 어떤 정파나 정당에 대해서도 영원한 비판자로

역할한다. 혹 자신의 양심에 따라 어떤 정파에 속한 활동을 할지라도 정파의 이익보다는 하나님의 법을 우선하는 원칙을 지켜간다. 세상의 법이 하나님의 법과 맞설 때 우리는 하나님의 법을 우선하고 그에 따른다.

4. 우리는 한 가정이 한 주택 이상을 보유하지 않는다. 우리는 주택을 투기의 대상으로 삼지 않으며 가족이 살아가는 데 꼭 필요한 주거 외에는 소유하지 않는다. 한 사람이 다수의 주택을 보유하는 것은 집 없는 사람들에게서 기회를 빼앗아가는 것이요, 그들의 인권을 억압하는 것이다.

5. 우리는 사용하거나 경작하지 않는 땅을 소유하지 않는다. 하나님께서는 "땅은 나의 것이다. 너희는 다만 나그네이며, 나에게 와서 사는 임시 거주자일 뿐이다. (레위기 25:23)"고 하셨다. 우리의 신앙은 우리가 근본적인 땅의 소유자가 아니라 세상에서 사는 동안 그 사용을 허락받았다는 사실을 명심하고 필요한 사람들이 땅을 사용할 수 있게 해주어야 한다. 땅을 사용하는 사람들은 하나님의 땅(자연)을 사용하는 대가를 모든 하나님의 백성들이 평등하게 누릴 수 있게 해야 한다.

6. 필요 이상의 유산을 상속하지 않는다. 50년마다 각자의 땅

으로 되돌리는 희년의 정신은 가족의 생업에 기본이 되는 땅 이 외에는 상속을 허락하지 않는 제도이다. 우리가 하나님으로부터 빌린 재화들은 우리가 사는 동안으로 만족하고 다음 세대가 기초적인 생활을 영위하는 이상의 상속분은 사회로 환원한다.

7. 시간은 모두가 공유하는 공유물이므로 정확하게 지킴으로 남의 시간을 늦추거나 빼앗지 아니한다. 개인의 사정으로 약속을 늦추거나 지키지 못하는 것은 이웃의 소중한 것을 빼앗는 행위이며 모두를 불편하게 만드는 것이다.

8. 우리 삶의 가치를 소유하고 모으는 기쁨보다는 나누고 함께 만들어가는 기쁨을 추구하는 데 둔다. 많이 소유하고 풍요롭게 사는 삶이 '잘사는 삶'이 아니라 서로 마음을 살피고 배려하며 나누는 삶이 '잘사는 삶'이다. 욕심의 노예가 되지 아니하고 소박하고 청빈한 삶의 맛을 즐기며 살아간다.

9. 사회적 의견이 맞설 때, 우리는 가난한 자와 약한 자의 편에 서며 권력이나 기득권자에게는 희생당하는 자들 편에 서서 그들의 입장을 대변한다. 오늘의 하나님은 바로 가난하고 약한 자들과 함께 하시며 그들 가운데서 그들을 해방시키는 사역을 펼쳐나가심을 믿는다.

10. 우리는 폭력과 전쟁을 반대하고 대화와 평화의 진전을 위해 노력한다. 인간의 생명의 주인은 오직 하나님이시다. 개인이거나 집단이거나 상대를 가치 없다고 여기고 말살하려는 폭력과 전쟁은 인간이 하나님의 자리를 대신하려고 하는 오만이며 자기 우상화이다.

11. 이 땅의 모든 생명은 그리스도께서 머무시는 성전이며 그리스도인들의 공동체일 뿐만이 아니라 우리가 사는 자연세계 역시 그리스도의 몸이라는 것을 믿는다(골로새서 1:17). 지구는 인간만을 위해 주어진 것이 아니라 모든 생명이 함께 공존하는 공동의 집이다. 인간은 그 공동의 터전에서 모든 생명이 소중하게 존중받을 수 있도록 돌보고 돕는 역할을 부여받았기에 모든 피조물이 서로의 생명권을 존중하며 협력하여 함께 살아가도록 해야 한다.

12. 그리스도께서 자신의 몸과 피와 생명까지도 우리를 위해 내어주신 것을 본받아 우리들도 우리들에게 허락하신 생명과 시간과 소유가 우리들 자신의 것만이 아니라 하나님의 뜻을 이루는 일에 쓰임 받을 수 있도록 해야 한다.

13. 우리는 민주적인 운영이 참다운 생명력을 가져오는 것을

신뢰한다. 민주적이고 자유로운 분위기는 공동체 구성원들 하나 하나가 가진 에너지를 동력화하는 기본 전제이다. 구성원 각자가 가지는 주장과 상상력은 보호받고 존중되어야 한다. 그렇게 할 때라야 살아 있고 역동적인 공동체가 될 수 있다.

14. 교회의 재산은 헌금에 의한 것이기에 본래 교회의 소유가 아니고 하나님의 것이다. 이를 마치 그 교회 구성원들의 집단 소유인 양, 그들의 이익만을 위하여 쓰고자 한다면 그것은 그 집단이 하나님의 재산을 탈취하여 자기들의 소유물로 만드는 행위이다.

15. 교회는 작지만 개성 있는 목회를 지향해야 하며 교회가 속한 지역사회를 변화시키는 목회를 펼쳐야 한다.

초대교회는 모두 가정에서 모이는 공동체였다. 고작해야 30-40명의 교인이다. 그럼에도 불구하고 오늘날 모든 교회들이 흠모하는 교회이다. 목회의 성패는 목사나 성도들이나 얼마나 그리스도의 삶을 따라가느냐 하는 데 있지 그 교회의 숫자나 크기에 있지 않다. 대형화된 교회가 사회정의나 지역사회의 문제에 관여하기는 구조적으로 어렵다. 어려움이 따르고 위험 부담이 되는 일을 시행하려면 교인 전체의 합의가 필수적인데 대형 교회는 교인들의 합의를 끌어낼 수 없기에 의미 있는 새 일을 시도하는 것이 힘들다. 그러니 사회의 변화에 눈감고 전통적으로 굳어진 예전만을 고집하게 되니, 새 시대에 발맞추기란 불가능해진다. 또한 누구에게나 무난하려 하니 결국 아무 일도 못하게 된다. 반면 오히려 쉽게 한자리에서 의사를 모을 수 있는 작은 교회들은 발 빠르게 움직일 수 있는 그들만의 장점이 있다.

덩치만 크고 아무 일도 하지 못하는 구조를 가진 대형 교회들에 비해 작은 교회들은 하나님 나라를 위해 최전선에 나가 기동성 있게 일할 수 있는 좋은 조건을 가졌다. 교회는 자기가 속한 지역사회 구석구석에 파고 들어가 변화시켜내는 원동력이 되어야 한다.

16. 교회는 예산의 1/3이상을 교회 자체보다는 사회와 이웃을 위하여 사용할 수 있어야 한다. 교회가 사용하는 헌금은 그 모으는 주체가 어떠하든지 교인들이 하나님께 바친 헌금이므로 공적인 성격을 가진다. 그러므로 자기 교회를 위한 사용은 최소화해야 하며 헌금의 취지에 맞게 가난하고 소외된 이웃이나 사회의 정의와 평화를 위한 공적인 목적에 사용되어야 한다.

17. 교회의 건강한 성장은 분가선교이다.

무릇 생명체는 성장하여야 한다. 그러나 한국 교회는 개교회 이기주의에 빠져서 무한히 자기 영역을 확대해 나가려고 한다. 하나님께는 은혜로 모든 것을 받았지만 교회는 끊임없이 자기 영역을 넓혀가는 데에만 정신을 쏟는다. 그런 의미에서 교회의 건강한 성장은 일정한 규모를 가지면 제2, 제3의 독립된 교회를 분가하는 방식으로 나아가야 한다.[12]

5. 맺는 말

하나님의 나라는 한두 번 시청 앞에 나가서 구호를 외친다고 오는 것이 아니다. 우리의 일상이 바뀌어야 한다. 우리는 "교회 생활", "신앙생활"이라는 말로 세상과 담을 쌓 채, 복음을 단지 우리 나름의 공동체 안에서의 질서로 변질시켜버렸다. 그 결과 복음은 세상과 소통하기를 멈추었으며 세상과는 답답할 정도로 다른 이야기를 퍼붓고, 자기들끼리 사랑하고 위로하고 나르시시즘에 빠져 찬양하는 가운데 마침내 세상이 기독교와 기독인을 귀찮아하며 세상으로부터 버림받을 지경에까지 이르는 위기에 처하게 되었다.

정종훈 박사는 "진정한 기독교 신앙은 모든 존재의 근원이자 궁극적인 방향이고, 인간의 삶 전체를 추동하는 근원적인 힘이

---

12) 강남향린교회 10년사 편찬위원회, "분가선교와 목사 장로 임기제,"『예수의 얼굴을 닮은 교회』(서울: 뉴스앤조이, 2003), 121-152 참조.

자 어떻게 살 것인가를 결정해주는 기준이다. 그러므로 기독교 신앙은 주일과 평일을 달리하여 적용할 수 없고, 교회 안과 밖을 구분하여 실행할 수 없다. 기독교 신앙은 모든 시간과 공간을 초월해서 언제 어디서나 동일하게 작용하는 것이고, 또 동일하게 표현해야 한다."며 "기독교 신앙은 생활신앙"이라고 말한다.[13)]

진정 기독교가 새롭게 되는 길은 신앙인의 생활이 변화해야 하고 우리의 일상 속에서 예수살기가 회복되어야 한다. 교회가 마치 거대한 패거리가 되어 예수를 믿는 사람들끼리 집단 이기주의를 실현시키는 장이 되어서는 안 된다. 우리 개개인은 부족하지만 우리가 함께 모여 이루는 집단이나 공동체, 교회를 통하여 우리의 삶의 현장에서 예수의 삶을 오늘에 대변해주는 예수살기가 이루어질 때라야 교회는 갱신되고 비로소 세상에 대해 빛과 소금의 역할을 할 수 있을 것이다.

---

13) 정종훈, 『생활신앙으로 살아가기』(서울: 대한기독교서회, 2007), 4.

목회윤리적 접근

한국 교회 목회자들의 문제와 그 해결을 위한 방안 모색

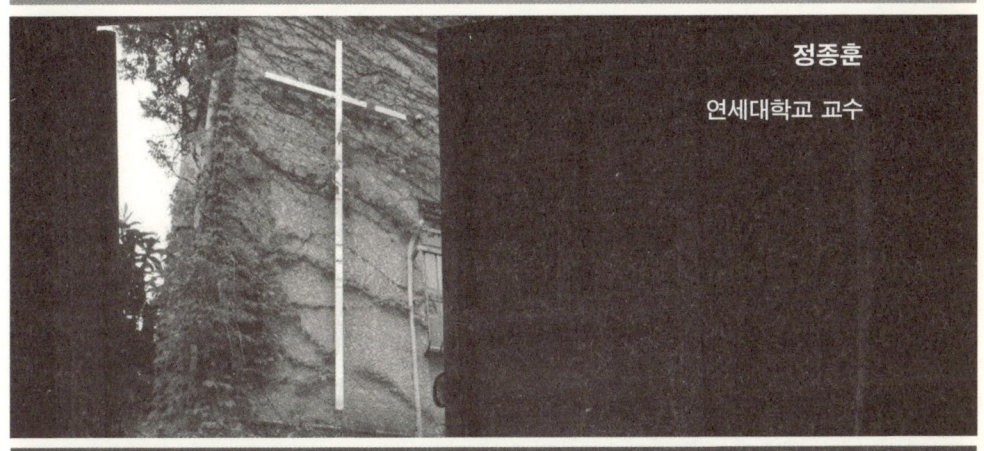

정종훈

연세대학교 교수

*이 글은 2007년 11월 26일 한국교회100주년기념관 대강당에서 개최되었던 〈2007 예장목회자 참회기도회〉의 주제강연으로 준비했던 글 "대한예수교장로회 통합측 목회자들의 자기반성과 나아갈 길"을 한국 교회 모든 목회자들에게 적용 하고자 전반적으로 수정한 글이다.

1. 들어가는 말

최근 한국 사회에 일어난 대형 사건을 나열하면, 기독교 기업이라 자처하는 이랜드가 비정규직 노동자들을 해직한 사건과 아프가니스탄에 파송된 샘물교회 선교팀이 탈레반에 의해 피랍된 사건이라 말할 수 있다. 이 두 사건 이래로 한국 교회와 기독교 전반에 대한 비난의 목소리가 어느 때보다 하늘을 찌르는 듯하다. 사실 한국의 주요한 대형 사고나 사건 이면에는 자신의 종교를 기독교라고 하는 사람들이 똬리를 틀고 늘 자리를 잡아왔다. 성수대교 붕괴사고나 삼풍백화점 붕괴사고, 고급옷로비사건이나 BBK사건, 종종 터지는 목회자들의 학력 위조 등이 그러했다.

요즈음 기독교를 비난하는 반기독교인들은 인터넷에서 기독교인들을 이렇게 지칭하고 있다.[1] 종교의 이름으로 자신들의 배를 살찌우는 자들, 공격적 선교로 무장하고 타 문화를 배려하

---

1) 안티 기독교 사이트 http://www.antichrist.or.kr/index2.php.

지 않는 개념 없는 사람들, 사찰이 무너지라 기도하고 불상에 십자가를 그리는 상식 없는 사람들, 자신과 다른 견해의 사람을 조금도 용납할 줄 모르는 무뇌아들, 말만 잘하는 실로 암적인 사람들, 이름하여 개독교인들(개판치는 기독교인들, 또는 개 같은 기독교인들이라는 의미). 이들 반기독교인들은 술자리에서 "개독박멸"(기독교를 박멸하자)이란 구호를 외치며 건배한다는 말도 들린다. 이처럼 기독교 전체를 싸잡아 비판하는 반기독교인들의 비판을 기독교인들이 전적으로 동의할 수는 없겠지만, 그들의 비판을 겸허하게 듣고 자성하는 지혜가 기독교인들에게는 필요하다.

그렇다면 한국의 근대화와 민주화운동 그리고 통일운동에서 상당한 기여를 했던 기독교가 어찌 이 지경에 이르렀을까? 원인은 무엇보다 잘못된 리더십에 있음을 보게 된다. 평신도들은 대개 리더인 목회자, 즉 목자가 이끄는 대로 따라가는 순한 양들이다. 물론 뿔이 난 염소가 없는 것은 아니지만, 그러한 평신도는 예외적이다. 때문에 한국 교회의 문제는 한마디로 리더인 목회자의 문제로 보아야 한다. 그러므로 목회자가 한국 교회의 문제를 목회자 자신의 문제로 볼 때 한국 교회의 문제는 어느 정도 해결될 수 있다. 그러나 문제가 문제로 보이지 않거나, 목회자 자신의 문제로 인식하지 않는 한, 한국 교회의 문제는 여전히 문제로 남아서 한국 교회와 모든 기독교인들의 고통이 될 것이다.

한국 교회의 역사를 보면, 1907년에 최초의 장로교 목사 7

인이 안수를 받았다. 그들은 선비정신에 예수정신을 결합한 분들로서 정직과 청빈으로 목회했고, 교회 안과 밖에서 존경을 받으며 목회했다. 100년이 지난 지금 한국 교회의 상황은 많이 변했다. 목사가 부자가 되었다. 어느 정도 권력을 누리는 기득권자가 되었다. 그러다 보니 100년 전 세상의 희망이었던 교회와 존경받던 목회자들이 지금은 세상의 손가락질을 당하고 있다. 1980년대 말까지 급성장을 하던 한국 교회가 1990년대 이래 정체되어오다가 2000년대부터 오히려 감소하고 있는 것은 결코 우연이 아니다.[2]

지금 한국 교회 목회자들은 자신들의 부끄러운 현실을 철저히 회개해야 한다. 그런데도 그들의 관심은 회개를 운운할 때조차 회개에 무게중심을 두기보다는 새로운 부흥에 무게중심을 두고 있다. 회개를 통해서 새로운 부흥을 가져올 수 있다는 논리이다. 그러나 한국 교회 목회자들은 진실한 회개 자체에 관심을 가져야 한다. 그들이 회개를 수단으로 교회의 외적인 성장을 목적으로 한다면, 이는 또다시 하나님과 세상을 우롱하는 것이다. 교

---

[2] 통계청 사회통계조사보고서에 의하면, 1985년 전체 인구 4,041만 명 가운데 개신교 648만 명으로 16.1%였다. 1995년 전체 인구 4,455만 명 가운데 개신교 876만 명으로 19.7%였다. 그러나 2005년 전체 인구 4,704만 명 가운데 개신교 861만 명으로 18.3%였다. 1995년의 통계와 2005년의 통계를 비교하면, 전체 인구는 성장했지만, 개신교 인구는 오히려 감소했다.

회 성장을 위한 회개는 자기 욕망의 표현이고, 하나님과의 흥정으로 전락하는 셈이기 때문이다. 그러므로 한국 교회 목회자들은 진정한 회개 자체에만 몰두해야 하고, 회개만이 시급한 일임을 알아야 한다. 그리고 이후에 새로운 부흥이 있게 된다면, 그 부흥은 그들이 회개한 결과라기보다는 어디까지나 하나님께서 베풀어주신 은혜의 선물일 것이다.

2. 신앙의 본질을 제대로 가르치지 못했고 삶으로 보여주지 못했다

한국 교회 목회자들은 주일예배, 주일저녁예배, 수요예배, 새벽예배 등 수없이 많은 예배에서 설교를 하고, 여러 유형의 성경공부를 진행하고 있지만, 기독교 신앙이 어떤 신앙인지, 기독교인라면 어떻게 살아야 하는지 제대로 가르치지 못했고, 자신들의 삶으로 보여주지 못했다. 이제 우리는 요한복음 3장 16절 말씀이 담고 있는 기독교 신앙의 본질에 비추어서 목회자들의 부끄러움을 분석해볼 수 있다.[3]

첫째, 하나님께서는 세상을 찾아오셨지만, 목회자들은 세상

---

3) 정종훈, 『생활신앙으로 살아가기』(서울: 대한기독교서회, 2007), 11-24.

한가운데로 나가려 하지 않았던 부끄러움이 있다. 기독교는 하나님께서 세상으로 찾아오신 것에서 출발하는 종교이다. 하나님께서는 당신의 명령에 불순종하고 자기 삶의 중심이 된 인간 아담을 외면하지 않으시고, "아담아 네가 어디 있느냐" 질문하시며 찾아오셨다. 하나님께서는 동생과 더불어 살지 못하고 동생을 돌로 살해한 가인을 외면치 않으시고, "네 아우 아벨이 어디 있느냐" 물으시며 찾아오셨다. 하나님께서는 지금도 자기 멋대로 무책임하게 살고 있는 세상의 죄인들과 관계를 회복하고자 찾아오고 계신다. 오늘 목회자들이 하나님을 아버지라 부르고, 목회자로 일하는 것은 세상의 죄인인 그들을 찾아오셔서 관계를 회복시켜주신 하나님의 은혜이다. 하나님의 은혜로 세상에서 죄인이었던 그들의 실존이 달라졌다면, 그들의 삶 역시 하나님처럼 세상을 향해야 한다. 세상은 악하고 더럽고 죄 가운데 있어 외면해야 할 대상이 아니라, 하나님의 뜻이 관철되고 하나님의 나라에 근사해지도록 씨름해야 할 사랑의 대상인 것이다. 한국 교회 목회자들은 세상을 정죄하고 세상으로 하여금 교회 안으로 들어오라고 부르기만 했던 것이 하나님과 반대방향이었음을 인정하고 회개해야 한다.

둘째, 예수 그리스도께서는 인류를 살리기 위해 십자가에서 죽으셨는데, 목회자들은 누군가를 살리기 위해서 자신을 죽이는 자리까지 나아가지 못했던 부끄러움이 있다. 기독교는 우리의 죄를 몸소 감당하고 우리를 살리기 위해 세상에 오신 임마누엘의 하나님이 십자가에서 죽으심을 절정으로 하는 종교이다. 사람들은 흔히 자기를 살리기 위해 다른 사람들을 죽이며 산다. 다른 사람은 죽든 말든 자기 하나, 자기 가족만 잘살 수 있다면 무슨 짓이든 하려고 한다. 다른 사람은 자신의 이해관계를 얻기 위한 수단이고, 디딤돌일 뿐이다. 그것이 여의치 않을 때, 사람들은 너 죽고 나 죽자고 한다. 나 혼자 죽는 것은 억울하고, 내가 먼저 죽을 때 너는 여전히 살아 있을 수도 있으니, 네가 먼저 죽은 후에 나도 죽겠다는 것이다. 그러나 이 시대 적지 않은 사람들이 나만 살기 위해 너를 죽이려 하다보니, 너도 나를 죽이려 한다는 사실을 알게 되었다. 기업주가 많은 이윤을 위해 노동력을 착취하면, 노동자들의 파업으로 기업이 어려워지고, 노동자가 자기들의 이익만을 앞세워 파업하면, 기업주가 폐업을 신고하여 일할 데가 없어짐을 경험했기 때문이다. 그래서 나도 살고 너도 살자고 한다. 그러나 임마누엘의 하나님께서는 인류를 살리기 위해서 당신 스스로를 죽이셨다. 이 사랑을 통해 목회자가 된 목회자들은 교인들과 교회 밖 이웃들을 위해 희생해야 하는데도 한 치도 손해보지 않으려는 이기심으로 살았음을 인정하고 회개해야 한다.

셋째, 예수 그리스도가 모든 성도의 주인이신데, 목회자들은 예수 그리스도를 주인으로 철저히 고백하지 않았던 부끄러움이 있다. 기독교는 예수 그리스도를 주님으로 고백하고 믿는 종교이다. "주는 그리스도시요 살아 계신 하나님의 아들입니다."라는 베드로의 고백은 교회의 초석이다. 그러나 이때 주님이라는 말은 결코 고상한 말이 아니다. 주님이라고 말하는 사람은 스스로 종임을 전제하기 때문이다. 종은 자신의 삶을 살아가는 존재가 아니라 주인의 삶을 살아가는 존재이다. 종은 자신을 주장할 수 없고, 어디까지나 주인이 주장하는 대로 살아야 한다. 그러나 주인을 위해 최선을 다한 종이라고 할지라도 병이 들었거나 늙어서 더 이상 사용가치가 없을 때, 주인이 마음대로 처리해도 어쩔 수 없이 감수해야 하는 것이 종의 존재이다. 사도 바울은 자신이 주님의 종임을 명확하게 인식했던 사람이다. 그는 살아도 주님을 위해 살고, 죽어도 주님을 위해 죽는다고 고백했다. 그는 사나 죽으나 주님의 것이라서 자기가 사는 것이 아니라 자기 안에 주님이 산다고 선언했다. 사도 바울처럼 모든 목회자는 예수 그리스도의 종이 되어 예수 그리스도의 향기를 풍기면서 작은 예수로 살아야 했다. 그러나 한국 교회 목회자들은 예수 그리스도의 종이기는커녕 오히려 교회의 주인 행세를 하며 교인 위에 군림하고자 했음을 인정하고 회개해야 한다.

넷째, 하나님께서는 믿기만 하면 누구라도 구원하시지만, 목회자들은 모든 사람을 동등하게 대하지 않았던 부끄러움이 있다. 기독교는 모든 사람에게 구원의 가능성을 열어놓은 만인평

등의 종교이다. 하나님께서는 모든 사람을 예외 없이 하나님 당신의 형상으로 지으시고, 당신의 자녀로서 살기를 원하는 분이시다. 하나님께서는 선인에게도 악인에게도 햇빛을 비추시고, 동일한 비를 내리는 분이시다. 임마누엘의 하나님께서는 유대인과 이방인이라는 민족의 담을, 부자와 가난한 자라는 계층의 담을, 헬라인과 야만인이라는 지식의 담을, 남성과 여성이라는 성별의 담을, 성인과 어린아이라는 세대의 담을, 친구와 원수라는 인간관계의 담을 허물고 화해하도록 하신 분이시다. 하나님 앞에서는 누구라도 있는 그대로 사랑받을 수 있고, 있는 그대로 구원의 길이 열려 있다. 그러므로 하나님의 부르심으로 하나님 앞에서 목회를 책임지고 있는 목회자들은 어떤 사람도 차별해서는 안 된다. 그러나 한국 교회 목회자들은 돈이 많고, 권력께나 행세하고, 사회적으로 그럴 듯해 보이는 사람들에게 우선적인 관심을 주고, 그들을 더 좋아했음을 인정하고 회개해야 한다.

다섯째, 예수 그리스도가 부활의 첫 열매이신데도, 목회자들은 부활을 잘 믿지 않았던 부끄러움이 있다. 기독교는 죽음을 두려워하지 않는 부활의 종교이다. 예수 그리스도는 십자가에서 죽었지만, 죽음으로 인생의 종지부를 찍은 것이 아니라 부활의 첫 열매가 되신 분이시다. 그러나 예수 그리스도의 부활은 어느 날 갑자기 주어진 사건이 아니다. 십자가의 삶을 철저히 산 예수를 하나님께서는 부활시키셔서 세상의 주님과 그리스도로 삼으신 것이기 때문이다. 십자가가 없는 부활은 존재할 수 없다. 그러나 예수 그리스도에게 부활의 소망이 없었다면, 십자가의 길역시 불가능했을 것이다. 그러므로 부활을 소망하며 감당하는십자가와 십자가를 거쳐야 하는 부활은 어떤 경우에도 분리될수 없다. 부활을 소망하는 기독교인에게 죽음은 인생의 끝이 아니라 영생으로 이어지는 통과의 문이 되기 때문이다. 그래서 진정한 기독교인이라면, 죽음 앞에서 초조해 하거나 두려워하지않고 당당하게 설 수 있다. 그러나 한국 교회 목회자들은 군사정권 시절에 서슬이 시퍼렇던 독재자들 앞에서 자신의 삶에 연연하느라 부정과 불의를 지적하지 못했고, 민중들의 고난에 함께하지 못했음을 인정하고 회개해야 한다.

3. 왜곡된 신앙을 가르쳤다

한국 교회 목회자들은 기독교 신앙의 본질을 제대로 가르치지 못했을 뿐만 아니라 나아가 왜곡된 신앙을 가르쳤다.[4]

첫째, 한국 교회 목회자들은 은혜받은 자들에게 삶의 지침이되는 율법의 제3용법을 폐기해도 좋은 것처럼 왜곡했던 부끄러

---

4) 정종훈, 『기독교 사회윤리와 인권』(서울: 대한기독교서회, 2003), 42-56.

움이 있다. 루터에게 있어 율법은 인간의 죄를 드러내는 몽학선생이고, 인간은 죄의 문제를 스스로 해결할 수 없어 오직 하나님의 은혜로만 살 수 있는 존재로 이해된다. 물론 루터는 예수 그리스도에게 접붙임을 받아 질적으로 새로워진 인간이 은혜에 상응한 열매를 맺으며 살아가야 함을 전제하고 있지만, 루터를 바라보는 이들은 은혜 자체를 과도하게 강조하느라고 은혜받은 자의 은혜에 상응한 삶을 간과했다. 그러나 칼빈은 루터와 달리 율법을 세 가지 용법으로 구분함으로써 은혜받은 자의 성화된 삶을 강조한다. 칼빈에게 있어 율법의 제1용법은 하나님의 의와 인간의 죄를 보여주는 거울과 같은 것이고, 율법의 제2용법은 하나님의 의를 깨닫지 못하고 악을 자행하는 이들에 대한 재갈과 같은 것이며, 율법의 제3용법은 신자들을 교훈하고 거룩한 삶을 살아가도록 독려하는 지침과 같은 것이다. 그러므로 칼빈의 경우 율법은 어떤 경우에도 폐기될 수 없다. 그러나 한국 교회 목회자들은 싸구려 값싼 은혜를 너무 강조한 나머지 은혜에 상응한 삶, 율법의 제3용법을 간과함으로써 삶의 현장에서 구체적으로 감당해야 할 기독교인의 책임을 소홀히 하도록 했던 것이다.

둘째, 한국 교회 목회자들은 믿음과 행함, 하나님 사랑과 이웃 사랑의 관계를 반비례 관계인 것처럼 왜곡했던 부끄러움이 있다. 바울의 가르침과 야고보의 가르침은 대립적인 내용이 아니다. 바울이 인간은 율법으로 사는 존재가 아니라 은혜로 사는 존재라고 말했던 것은, 사랑의 근본적인 동기를 상실하고 율법을 외식적으로 지키는 유대인들에 대해서 "아니오"를 선언하고자 했던 것이지, 믿음의 행위 자체를 부정했던 것은 아니었다. 야고보가 행함이 없는 믿음은 죽은 것이라고 말했던 것은, 하나님의 무한한 사랑을 경험한 인간이 이웃을 사랑하지 않으면서 하나님을 사랑한다고 말하는 것이 거짓임을 선언하고자 했던 것이지, 행위를 추동하는 믿음 자체를 부정했던 것은 아니었다. 바울은 믿음이 없는 행함을 문제로 보았기 때문에 믿음이 없는 율법적 행위를 부정했던 것이고, 야고보는 행함이 없는 믿음을 문제로 보았기 때문에 행함이 없는 말뿐인 믿음을 부정했던 것이다. 그러고 보면 바울도 야고보도 믿음의 행위와 행위의 믿음을 동시에 강조했다. 그러나 한국 교회 목회자들은 하나님을 사랑하는 믿음이 크면 이웃을 사랑하는 행위는 별로 중요한 것이 아니고, 이웃을 사랑하는 행위가 크면 하나님을 사랑하는 믿음이 적어진다고 가르침으로써 믿음이 사랑의 행위를 지향해야 하고, 행위가 믿음의 기초 위에 있어야 함을 전하지 못했던 것이다.

셋째, 한국 교회 목회자들은 십자가와 부활이 서로 분리될 수 있는 것처럼 왜곡했던 부끄러움이 있다. 기독교는 예수 그리스도의 십자가와 부활로 요약되는 신앙으로서 어느 한쪽만으로 구성되지 않는다. 십자가의 고난을 외면하고 부활만을 강조하는 사람들은 부활의 영광을 말 몇 마디의 고백으로 얻어진다고 생각한다. 주는 그리스도시요 살아 계신 하나님의 아들이라고 입으로 고백하면 하나님의 자녀가 되고, 하나님의 자녀는 어떤 모양으로 살든 영원한 하나님의 자녀이기 때문에 부활의 영광은 언제나 보장된다고 믿는다. 반대로 부활의 영광을 외면하고 고난의 십자가만을 강조하는 사람들은 이 세상에서 투쟁적인 삶을 생각한다. 그들은 자신들처럼 세상에서 고난의 현장에 동참하지 않는 사람들을 무책임한 기독교인들이라 정죄하고, 가난하고 병들고 소외된 민중들과의 대면만이 구원에 이르는 길이라고 주장한다. 그러나 기독교는 예수 그리스도의 십자가 죽음을 대가로 하는 값비싼 종교요, 산 자와 죽은 자 모두의 부활을 소망하며 지금 여기에서 부활을 미리 경험하는 기쁨의 종교이다. 그러나 한국 교회 목회자들은 부활의 소망과 고난의 십자가를 양자택일하도록 가르침으로써 기독교 신앙을 왜곡했고, 특히 부활의 영광만을 더욱 강조함으로써 삶의 현장 속에서 감당해야 할 고난의 십자가를 외면하도록 했던 것이다.

넷째, 한국 교회 목회자들은 원수 사랑과 반공 이데올로기가 병존할 수 있는 것처럼 왜곡했던 부끄러움이 있다. 이북의 공산주의자들에게 재산을 강탈당하고 기독교인이라는 이유 하나만으로 탄압을 받았던 기독교인 실향민들이 반공의식을 갖는 것은 인지상정이다. 그러나 죽을 수밖에 없는 죄인을 위해 십자가에서 돌아가신 주님의 용서로 새로운 피조물의 삶을 살게 된 기독교인이라면, 이북의 공산주의자들을 끝까지 원수로 보기보다는 용서와 화해, 사랑의 대상으로 전환해야 했다. 용서와 화해의 주님은 제자들에게 원수 사랑을 명령하셨기 때문이다. 원수 사랑은 원수에게 굴복하는 것도 아니고, 알랑거리는 것도 아니다. 원수를 희망과 공포 그리고 공격성으로 살고 있는 죄인으로 승인하는 것이다. 자기 자신을 이상화하지 않고, 원수를 악마화하지 않는 것이다. 자기 안에서 원수의 모습을, 원수 안에서 자기의 모습을 보는 것이다. 그러므로 원수 사랑은 우리에게 원수의 인격성을 인정하고, 원수에 대한 편견을 버리게 한다. 원수를 공동의 삶을 위한 동반자로 보게 하고, 신뢰의 형성을 통해 상호 안녕을 추구하게 한다. 왜냐하면 안녕이란 자신을 위해 자신에 의해서만 보증되지 않고, 자신과 원수가 공동의 보조를 맞출 때만 보증될 수 있기 때문이다. 그러나 한국 교회 목회자들은 반공이데올로기에 매몰되어서 이북 공산주의자들은 사악한 집단이며, 타협과 대화의 대상이 아니라 박멸해야 할 무신론자들이라고 가르쳤던 것이다.

다섯째, 한국 교회 목회자들은 복음을 물질적인 복으로 왜곡했던 부끄러움이 있다. 막스 베버에 의하면 낭비하지 않고 근검절약하는 기독교인의 금욕주의적 합리적 경제활동이 자본주의를 낳았다. 자본주의는 처음부터 도덕성과 종교성을 배경으로 생겨났다는 것이다. 그런데 오늘의 자본주의는 본래적인 정신을 망각하고 맘몬과 결탁해서 천민자본주의로 전락했다. 한국 사회는 제3공화국 이래로 잘살아보자는 미명 아래 개같이 버는 것까지 용인했다. 이러한 천민자본주의에 편승한 한국 교회 목회자들은 "네 영혼이 잘됨같이 범사에 잘되고 강건하기를 원한다."는 말씀 위에 세속적인 복을 남발했다. 사실 한국 교회 목회자들은 맘몬의 속임수와 유혹에 빠져서 하나님을 섬겼던 것이 아니라 사실은 맘몬 자체를 섬기고 있었고, 오히려 하나님을 통해 맘몬을 추구하고자 했다. 그러다 보니 기독교인들은 자신으로부터 나누어지는 복보다는 자신에게로 모이는 복을 하나님의 복으로 착각했고, 이 세상에서 모든 복을 다 누리고 저 세상에서 천국까지 가자는 신앙의 이중이기주의자가 되고 말았다. 바로 이런 상황에서 한국 교회 목회자들은 천민자본주의를 비판하며 신앙으로 바르게 살자고 평신도들을 가르쳤어야 했는데, 스스로 샤면(무당)이 되어서 하나님 대신에 맘몬을 예배하도록 했던 것이다.

4. 교회 안에서 주인 노릇을 하려고 했다

교회의 주인은 어디까지나 예수 그리스도이시다. 교회는 개척될 때 물질적으로 크게 기여한 사람의 소유물이 아니다. 더욱이 교회는 교회를 섬기는 목회자의 사유물이 아니다. 교회는 오직 예수 그리스도에게만 순종해야 한다. 그런데 한국 교회 목회자들은 스스로 교회의 주인인 양 행세왔다.

첫째, 한국 교회 목회자들은 교회의 헤게모니를 잡으려다 교회를 분열시켰던 부끄러움이 있다.5) 모든 교파의 분열 과정이 대동소이하기 때문에 장로교를 중심으로 살펴보자.

한국 개신교 초창기에 한국으로 선교사를 보낸 외국의 장로교회는 미국 남장로교회와 미국 북장로교회, 캐나다 장로교회와 호주 장로교회 등이었다. 이때 한국의 장로교회는 선교사들의 소속이 서로 달랐지만 하나로 존재했다. 1934년 창세기 저작권의 문제와 고린도전서 14장 34절에 관련된 교회 안의 여성 권리 문제, 1935년 "아빙돈 단권주석 사건", 그리고 1941년 김재준 목사의 성서관 문제 등으로 장로교회 안에 갈등과 대립이 있을 때에도 장로교회는 여전히 하나로 남아 있었다. 그러나 1945년 해방 직후 신사참배로 투옥되었다가 출옥한 목회자들이 경남노회를 만들고, 1946년 고려신학교를 만듦으로써 장로교회는 예수교장로회와 고신파장로회로 1차 분열되었다. 그러다가 김재

---

5) Vgl. 이덕주/조이제, 『한국 그리스도인들의 신앙고백』(서울: 한들, 1997), 163-220. 교단이 갈라질 때마다 발표되는 성명서나 신앙고백서 또는 결의서를 보면, 명분이 없지는 않다. 그러나 그럴 듯한 명분이 교단 분열을 정당화 할 수는 없다.

준 목사가 1939년에 세운 조선신학교가 1951년 한국신학대학으로 문교부 인가를 받음으로써 장로교회는 기독교장로회와 예수교장로회로 2차 분열하게 되었다. 그 후 1959년 에큐메니즘과 신학교 공금 사건 등에 대한 이해의 차이로 인해 장로교회는 예수교장로회 합동 측과 예수교장로회 통합 측으로 3차 분열했다. 그러나 장로교 분열은 이로써 끝나지 않았고, 예수교장로회 합동 측 비주류 내에서 끊임없이 사분오열됨으로써 현재 한국교회 내 장로교회는 140여 개 교단이나 존재하고 있다. 하나로 시작되었던 한국 장로교회의 분열사를 보면, 신학적인 이해의 차이가 없었던 것은 아니지만, 분열은 대개 지연과 학연에 근거한 교권 쟁취로부터 비롯되었다. 결국 예수 그리스도의 하나의 교회가 목회자들의 교회 내 명예욕과 권력욕으로 인해 사분오열되었고, 목회자들의 명예욕과 권력욕이 작동하는 한 교회 분열은 앞으로도 계속 일어날 것이다.

둘째, 한국 교회 목회자들은 교회를 사유화했던 부끄러움이 있다.[6] 최근 한국 교회에는 아버지 목사가 은퇴하면서 아들 목사가 교회의 담임목사를 승계하는 경우가 빈번해지고 있다. 그것이 여의치 않은 경우에는 은퇴하는 두 아버지 목사가 서로의

---

6) Vgl. 김상득, 『윤리가 살아야 교회가 산다』(서울: 에클레시안, 2007), 45-55.

교회를 아들 목사들에게 교차해서 승계하는 경우까지 있다. 일반 대기업에서 조차 CEO를 재벌의 자식이 승계하는 것을 당당하게 여기지 않고 있는데, 한국 교회는 아버지 담임목사의 자리를 아들이 승계하고, 아들이 없는 경우에는 사위가 승계하는 것을 허용하고 있는 셈이다. 물론 목회자가 공급과잉인 상태에서 아들이나 사위에게 담임목사직을 승계하고자 하는 유혹이 아버지 목사에게 있을 수 있지만, 이를 허용하는 것은 교회를 사유화한 결과임을 인식해야 한다.

한국 교회 내 사유화의 또 다른 심각한 문제는 교회의 재정 사용과 관련이 있다. 교회의 재정은 교인들의 각종 헌금으로 충당된다. 그 헌금 가운데는 불로소득한 것이 있음을 배제할 수 없지만, 대개 헌금은 교인들의 땀과 생명의 결과이다. 이렇게 귀한 헌금을 담임목사가 자의적으로 자유롭게 사용하는 경우가 적지 않다. 어떤 담임목사는 자신과 특별한 관계에 있는 선교사나 농어촌 교회 목회자에게, 자신이 관계하는 기관이나 일반 단체에게 또는 자신의 사적인 이해관계를 얻어낼 수 있는 개인이나 단체에 대해서 교회의 재정을 임의로 사용하고 있다. 담임목사가 자신의 주머니에서 나오는 개인 돈이라면 그렇게 쓸 수 없을 텐데 교회 재정을 주저함 없이 함부로 사용하는 것은 교회를 사유화한 결과라고 할 것이다.

셋째, 한국 교회 목회자들은 교회의 직제를 계급화했던 부끄러움이 있다.7) 대부분의 한국 교회는 교회의 직제를 성경대로 목사와 장로, 집사와 교사로 구성하고 있고, 거기에 전도사와 권사 등을 추가로 세우고 있다. 교회의 존재 이유가 하나님의 나라를 구현하기 위해서, 교회 구성원들의 깊은 교제를 위해서, 그리고 세상을 사랑하기 위해서 존재한다고 할 때, 교회의 모든 직제는 오직 머리되신 예수 그리스도의 다양한 지체로서 서로 평등한 관계에 있다. 교회의 직제는 어디까지나 역할의 구분이지 권력의 정도를 의미하지 않는다. 그러나 한국 교회는 교회의 직제를 상하계급으로 오해하는 경향이 있다. 목사를 기업의 대표이사처럼, 장로를 일반 이사처럼, 집사와 권사는 장로가 되기 위한 직전의 직제처럼 취급한다. 그리고 한번 장로가 되면 은퇴할 때까지 장로의 직제를 유지하기 때문에 장로의 직제가 교회 내 최고위 계급처럼 인식된다. 한편 목회자들의 경우 같은 목사라고 할지라도 총회장목사와 노회장목사, 담임목사와 부목사, 부목사와 전도사를 하나님의 동일한 동역자로 이해하기보다는 상하계급처럼 이해하는 경향이 있다. 이처럼 한국 교회의 직제 혼란은 목회자들이 스스로 판 함정이라 할 것이다.

넷째, 한국 교회 목회자들은 교회의 하나 됨을 지키지 못했던 부끄러움이 있다.8) 우리가 믿고 고백하는 교회는 하나의 교회

---

7) Vgl. 김동호, 『생사를 건 교회개혁』(서울: 규장, 1999), 127-169.

이다. 이 말은 세상에 존재하는 모든 교회가 하나같이 하나님의 하나의 교회에 속해 있다는 의미이다. 큰 교회도 하나님의 하나의 교회에 속해 있고, 작은 교회도 하나님의 하나의 교회에 속해 있다. 도시 교회도 하나님의 하나의 교회에 속해 있고, 시골 교회도 하나님의 하나의 교회에 속해 있다. A 교파의 교회도 하나님의 하나의 교회에 속해 있고, B 교파의 교회도 하나님의 하나의 교회에 속해 있다. 이단, 사이비 교회만 아니라면 어떤 교회라도 하나님의 하나의 교회에 속해 있는 것이다. 그러나 오늘 한국 교회와 목회자들의 현실은 어떠한가? 목회자들은 시골 교회보다 도시 교회를, 작은 교회보다 큰 교회를 더 선호한다. 자기가 속한 교파를 최고라고 생각하며, 다른 교파에 대해서는 이단시한다. 큰 교회의 목회자는 하나님의 능력 있는 '종님'이고, 작은 교회의 목회자는 하나님의 능력 없는 '종놈'인 양 치부한다. 다른 교회는 안 되고 자기 교회에 와야만 주님의 은혜가 넘치는 것처럼 전도한다. 주님의 교회를 전하기보다 자기 교회를 광고하는 데 치중하고, 주님의 교회가 확장되는 것을 기뻐하는 것이 아니라 자기 교회의 교인 수가 늘어나는 것을 기뻐한다. 주님의 교회가 인간의 교회로 돌변한 결과라 할 것이다.

---

8) Vgl. 이원규,『한국 교회 무엇이 문제인가?』(서울: 감리교신학대학교출판부, 1998), 137-164. 이원규는 개신교 근본주의의 자기우월주의, 권위주의, 배타주의 등을 지적한다.

다섯째, 한국 교회 목회자들은 교회의 연합운동에 실패했던 부끄러움이 있다. 한국 교회 목회자들은 연합을 위한 하나님의 뜻보다 자기 성장과 자기 과시에 집착했다. 주님의 교회로서 주님의 뜻을 함께 구현하는 연합운동에 기쁨으로 동참해야 했는데, 자기 교회만을 키우려는 노력과 자기 교회의 실적만을 경쟁적으로 과시하고자 했다. 머리되신 예수 그리스도보다는 특정한 지체를 더 중시하고자 했다. 교회 연합운동에서 재정을 많이 부담하는 큰 교회의 목회자에게 주도권을 주었다. 특히 보수적인 교회의 연합운동 경우 명예에 현혹되어 정치적인 자리싸움에 연연하기도 했다. 교회 연합운동의 회장이나 총무 또는 다른 임원들은 자기를 희생하고 섬기는 자리인데, 사악한 정치모리배들 못지않게 정치적인 술수를 동원해서 그 자리를 차지하려고 했고, 일단 차지하고 나면 벼슬이라도 한 듯이 군림하고자 했던 것이다. 때로는 진보진영과 보수진영을 운운하면서 서로가 대립했다. 교회라는 곳은 세상으로부터 교회로 모였다가 교회에서 세상으로 흩어지는 공동체인데, 하나님의 선교에 기초하여 사회정의를 위해 흩어짐을 강조하는 진보진영과 제자 양육이나 축복대성회처럼 모이는 일을 강조하는 보수진영 각각의 장점을 상호보완하지 못하고, 양자택일하거나 대립적으로 이해하느라고 서로 연합하지를 못했던 것이다.

5. 세상의 빛도 세상의 소금도 아니었다

한국 교회 목회자들은 교회 안에서는 물론이고 세상 안에서 빛과 소금의 사명을 감당해야 했다. 세상의 소금으로서 부패한 세상을 썩지 않게 해야 했고, 세상의 빛으로서 어두움 가운데 갈 바를 알지 못하는 세상을 인도해야 했다. 그러나 한국 교회 목회자들은 세상의 상식적인 수준에도 미치지 못해서 오히려 수치를 당하고 있다.

첫째, 한국 교회 목회자들은 불의한 정권을 신속히 재가했고, 각 정권에 대해 예언자적인 도전을 하지 못했던 부끄러움이 있다.[9] 한국 교회 목회자들은 초대 대통령 이승만을 교회에 호의적인 장로라는 이유 하나로 절대적인 지지를 아끼지 않았고, 그의 선거 부정까지 옹호하는 오류를 범했다. 한국 교회 목회자들은 박정희의 5 · 16군사쿠데타를 환영했고, 물질적으로 잘살아 보자는 그의 경제성장 제일주의에 편승했다. 그래서 물질적인 복을 강조했고, 독재자인 박정희를 위해서 국가조찬기도회를 죽을 때까지 주관했다. 심지어 한국 교회의 교단장급 목사들 23명은 12 · 12쿠데타를 통해서 이미 정권을 움켜잡은 전두환 국가안보위원회 위원장이 정권의 외형적 정당성을 만들고자 5 · 18광

---

9) 정종훈, 『기독교 사회윤리와 인권』, 47f.

주민주화항쟁에 참여한 시민들을 총칼로써 무자비하게 진압했을 때, 국가와 민족의 장래를 위한다는 명목으로 조찬기도회를 개최했다. 그들은 12 · 12쿠데타와 광주항쟁의 살상과 무력진압에 대해서는 침묵했고, 전두환을 여호수아와 같은 민족의 지도자라고 미화함으로써 정권의 창출을 용이하게 했다. 또한 한국 교회의 목회자들은 여전히 군사정권의 연장선상에 있었던 노태우에 대해서도 민주화운동과 시민운동을 적극적으로 전개하지 못했고, 김영삼과 김대중의 지지를 선택하는 과정에서는 내부 분열을 감행했다. 기독교 진보진영은 국민의 정부와 참여정부에 직접 참여함으로써 김대중과 노무현에 대해 비판적인 거리를 두지 않았고, 보수진영은 대안 없이 비판만 했다. 최근 보수진영은 이명박 실용정부에 대해 맹목적인 지지를 하는 경향이 있다. 이처럼 한국 교회의 대다수 목회자들은 불의한 정권에 밀착하여 지원하거나 그 정권의 부정과 불의에 침묵했고, 각 정권에 대한 교회의 예언자적 역할을 감당하지 못했던 것이다.

둘째, 한국 교회 목회자들은 기득권과 함께 집단이기주의에 빠져 있었던 부끄러움이 있다.[10] 한국 교회 목회자들은 대형집

---

10) Vgl. "Aufgaben und Grenzen kirchlicher Äußerungen zu gesell-schaftlichen Fragen," in *Die Denkschriften der Evangelischen Kirche in Deutschland. Frieden, Versöhnung und Menschenrechte*, Bd. 1/1, hg. von der Kirchenkanzlei der EKD, Gütersloh 1978, 43. 교회가 공공을 위한 것이

회를 통해서 교회의 세를 확장하고 과시하는 시도를 즐겨 감행했다. 군사독재정권 시절에 독재정권의 불의를 침묵하는 대신에 대형집회를 개최할 수 있는 기회를 얻었고, 때로는 보이지 않는 자신의 이해관계를 챙기기도 했다. 민주화 이후에는 3·1절과 8·15광복절이 되면 좌파정권을 운운하며 시청 앞에서 맘모스 대형집회를 주최했다. 마치 극우주의자들의 행사를 연상시키는 이러한 대형집회들은 비기독교인들에게 감동을 주는 행사였다기보다는 언제나 비아냥거리가 되는 행사였다. 교인들에 대한 일방적인 동원과 극우주의자들과의 밀접한 연계 그리고 균형을 상실한 극단적인 이슈들 때문에 그러했다. 그렇다면 비기독교인들의 비아냥에도 불구하고 대형집회를 시도하는 대형 교회 목회자들의 동기는 어디에 있었는가? 그들은 기득권자들의 요구에 응할 수밖에 없는 정치적인 역학관계와 기득권자들로부터 주어지는 일정 부분의 보상을 즐기는 데 익숙했기 때문이다.

한국 교회 목회자들은 모든 국민에게 부과되는 납세의 기본적인 의무를 간과해왔다. 이유는 교인들이 이미 세금을 떼고 헌금으로 낸 것을 사례비로 받는 것이라서 이중과세할 수 없다는 것이고, 대부분의 목회자들은 세금을 낼 만큼의 사례비를 받지

아니라 자신들만의 이해관계를 위한 것으로 인식하는 한 교회가 공공영역에서 설 수 있는 자리는 없다.

못하고 있다는 것이며, 목회자는 노동자가 아니라 성직을 수행하는 사람이라는 것이다. 그러나 교인들이 소비하는 돈 역시 이미 세금을 뗀 나머지로 소비하는 것이고, 세무서가 결정할 세금 징수에 대해 교계가 미리 걱정할 일은 아니며, 성직은 하나님의 부르심에 응답한 사람이라면 목회자가 아니라도 수행하는 것이다. 그러므로 목회자들이 납세의 의무를 이행치 않는 것은 집단 이기주의 이외에 아무것도 아니다.

한국 교회 목회자들은 개정된 사학법을 재개정하는 일에 앞장섰다. 대부분 교육부의 예산으로 운영되는 기독교 사학은 지금까지의 기득권을 놓을 수 없었고, 그들과 어느 정도 연계되어 기득권의 일부를 누리는 목회자들은 기독교 사학 교주들의 요구를 무시할 수 없었다. 학교운영위원회나 교수평의회가 이사의 4분의 1을, 그것도 기독교계 인사 가운데서 복수로 추천할 수 있다는 조항이 기독교적 정체성을 지켜낼 수 없게 하는 독소조항이라면, 그 정도의 자정력과 설득력이 없는 기독교 사학은 이미 기독교적 정체성을 상실한 사학일 것이다. 또한 한국 교회 목회자들은 여호와의 증인 신도들의 양심적 병역거부를 반대하는 일에 앞장섰다. 양심적 병역거부를 인정하는 것은 이단인 여호와의 증인을 돕는 것이라고 보았기 때문이다. 이러한 이해는 이단에게는 양심의 자유라는 당연한 인권이라도 유보할 수 있다는 이해이다. 정통의 인권은 보장되어야 하지만, 이단의 인권은 침해되어도 된다는 것 역시도 집단이기주의의 발상이다. 그러나 모든 사람에게 예외 없이 보장되어야 하는 최소한의 권리인 인권을 적용하는 데 예외를 인정한다면, 결국은 다른 인권 조항의 침해까지 스스로 용인하는 것이 될 것이다.

셋째, 한국 교회 목회자들은 세상과 소통하지 못했던 부끄러움이 있다.[11] 한국 교회 목회자들은 교인들을 신앙의 미성숙 상태에 방치했다. 세상에서 건강하게 살도록 도전하기보다는 교회를 중심으로 생활할 것을 강요했다. 성경공부나 소그룹 활동 그리고 각종 세미나를 통해 교인들을 수시로 교회에 오도록 함으로써 가정과 지역사회에서 건강하게 살아갈 수 있는 기회를 약화시켰다.

한국 교회 목회자들은 다종교 사회 안에 살고 있는 교인들이 다른 종교와 공존하고 사는 지혜를 도전하는 데 소홀했다. "예수 천당, 불신 지옥"이라는 다소 배타적이고 폭력적인 복음을 강조했고, 심지어는 가톨릭조차 우상을 숭배하는 이단이라고 가르쳤다. 불교의 불상을 훼손하거나 다른 종교의 상징물에 십자가를 긋고, 특정한 도시를 하나님께 드린다는 미명 아래 사찰이 무너질 것을 기도했다. 평화를 추구한다는 종교들 때문에 세상에서

---

11) 21세기의 화두는 소통이다. 소통이 시급할 뿐만 아니라, 소통을 담보하지 않는 한 게토화될 수밖에 없다.

전쟁과 폭력이 끊이지 않는 현실을 의도적으로 외면했다. 한국 교회 목회자들은 보수와 진보라는 양극화의 선봉에 서서 교회 내적으로도 서로 소통하지를 못했다. 그러나 비기독교인들은 보수와 진보의 차이를 잘 모를 뿐만 아니라, 양 진영의 대립적인 면을 부정적으로 보기 때문에 기독교와 소통할 기회를 이중으로 차단당하고 있는 셈이다. 이처럼 세상과 소통하지 못하는 기독교인 다수의 게토화 상황에 대해서 비기독교인들은 날카롭게 비난하고 있는 것이다.

넷째, 한국 교회 목회자들은 세상보다 상식 이하에 있었던 부끄러움이 있다. 지금 세상에서 기업은 이윤의 최대 창출을 위해서 연고주의를 극복하고 있다. 기업은 출신 지역이나 출신 학교에 상관없이 이윤 창출에 도움이 되는 사람을 우선 채용하고 있다. 그러나 한국 교회와 목회자들은 지역연고주의에 근거해서 담임목사나 부교역자를 뽑고 있고, 같은 학교 출신의 선후배들 간에 깊은 유대관계를 맺고 있다. 지금 세상은 모든 것을 투명하게 하고자 노력하고 있고, 민주적인 절차를 따르고자 노력하고 있다. 투명하지 않은 것과 권력이 집중하는 것은 거부되고 있다. 그러나 한국 교회와 목회자들은 교회 재정의 수입과 지출이 불투명한 상태에 있고, 교인들 대다수의 의견과 상관없이 담임목사나 소수 당회원이 모든 권한을 독점하고 있다. 예수께서는 제자들에게 "너희는 세상의 소금이다, 너희는 세상의 빛이다."라고 선언하셨던 것이 부정부패로 썩어 문드러진 세상이 소금을 필요로 하고 있고, 어디로 가야 할지 갈 바를 알지 못하는 세상이 길을 밝혀줄 빛을 찾고 있기 때문이었다. 그러나 현재 한국 교회와 목회자들의 수준은 세상의 평균적 수준보다 낮은 상태에 있고, 목회적인 영성의 깊이보다 세상의 높은 학위가 선호되고 있다. 결국 한국 교회와 목회자들은 자신보다 높은 세상의 기준을 오히려 자신의 기준으로 삼아야 하는 전도된 입장에 있다. 세상이 교회의 소금과 교회의 빛이 된 셈이다.

6. 한국 교회 목회자들은 개혁적이지 않았다

한국 교회 목회자들은 자신들이 개신교 신앙 전통의 후손이고, 그 신앙전통을 계승발전 시켜야 함에도 불구하고, 개혁을 주저하거나 반개혁적인 상태에 머물러왔다. 개신교 신앙 전통이란 말 그대로 '보다 나은 것', '하나님의 나라'를 향해서 현재의 부족함을 프로테스탄트(Protestant: 저항)하는 것이 아닌가?

첫째, 한국 교회 목회자들은 민주적이지 않았고, 독재를 휘둘렀던 부끄러움이 있다.[12] 물론 교회의 핵심인 복음의 진리는 다

---

12) Vgl. 김상득, 『윤리가 살아야 교회가 산다』, 29-35.

수결로 결정되지 않는다. 진리는 오직 삼위일체되신 하나님으로 부터 비롯된다. 그러므로 교회의 구성원들이 다수결로 결정한다 하여 언제나 그 결과가 하나님의 진리에 상응한다는 보장은 없다. 그러나 진리의 이름으로 또는 은혜라는 미명 아래 이성적이고 합리적이며 설득력 있게 처리될 수 있는 사안들이 포기되어서는 안 된다. 하나님께서는 우리로 하여금 믿음으로 당신 앞에 이르기를 원하지만, 당신의 일을 이성적으로 처리하기를 원하신다. 믿음과 이성은 대립적인 것이 아니라 서로를 필요로 하는 거울이다. 교회 내에서 시행하는 민주적인 절차는 하나님에 대한 믿음 때문에 이성적으로 전개하는 절차이다. 사실이 그런데도 적지 않은 목회자들은 자신이 목회의 전문가이기 때문에 비전문가인 교인들은 무조건 자신의 말을 들어야 한다며 독재적인 전권을 행세하고 있는 것이다.

둘째, 한국 교회 목회자들은 하나님의 영광보다 자신의 영광을 더 추구했던 부끄러움이 있다. 한국 교회 목회자들은 누군가를 섬기려 하기보다는 다른 사람에게 대접을 받고자 했다. 제대로 학위과정을 거치지 않았으면서도 어떤 학위를 취득한 자로 자기를 과시하고자 했다. 목회자라는 사실 하나에 충실하기보다는 자신의 이력을 화려하게 꾸미고자 했다. 자신이 사역하는 교회에서 충실하기보다는 교계나 사회에서 주목받는 자리를 얻고자 했다. 말씀을 선포하는 자리에서조차 예수 그리스도를 전하기보다 자기 자신의 이해관계를 전하기까지 했다. 하나님의 은총으로 얻어진 아름다운 결실에 대해서 하나님께 영광을 돌리기보다는 자신의 영광으로 가로채고자 했다. 하나님을 중심으로 한 삶이 아니라 자신을 중심으로 한 삶을 살고자 함으로써 선악과를 따먹은 아담처럼 벌써부터 하나님의 교회로부터 추방되었어야 할 한국 교회 목회자들이 적지 않다는 것이다.

셋째, 한국 교회 목회자들은 언제나 개혁하는 것을 주저했던 부끄러움이 있다.[13] 개신교회 전통의 원칙은 "교회는 언제나 개혁한다"(ecclesia semper reformanda)는 데 있다. 새 술은 새 부대에 담아야 하듯이, 시대적인 상황이 변함에 따라서 진리를 전하는 방식도 달라져야 했다. 물이 고이면 썩듯이, 교회의 모습과 사명이 시대와 함께 생동감 있게 변해야 했다. 그러나 한국 교회 목회자들은 안일과 타성에 젖어서 하나님의 창조성과 생명력을 발휘하는 데 게을렀다. 긁어 부스럼을 만들지 않겠다는 보신주의에 머물러서 그저 선임자가 했던 방식을 그대로 수용하기나 했다. 물론 목회자들에게 교회의 좋은 전통을 무시하라는 것은 아니지만, 그들 대부분은 개혁을 요구하는 양심의 소리에 귀를 기울이지 않았다. 그러나 개혁이 없는 교회나 새로워지지 않는 목회자는 이미 타락했거나, 오래지 않아 타락할 것이 틀림없다

---

13) Vgl. 김동호, 『생사를 건 교회개혁』, 30-50.

는 사실을 잊지 말아야 할 것이다.

7. 한국 교회 목회자들의 문제해결을 위한 방안

지금까지 우리는 한국 교회 목회자들의 부끄러움을 다각적으로 광범위하게 살펴보았다. 그러나 한국 교회 목회자들이 이대로 부끄러움 가운데 머물러 있을 수는 없다. 다시 돌이키고 시작해야 한다. 이제 한국 교회 목회자들은 스스로 하나님의 청지기로서, 주님의 종으로서, 성령의 도구로서 자기 본분을 회복해야 한다.

첫째, 한국 교회 목회자들은 개인별로 철저히 회개하고, 회개를 교회 전체로 확산시켜야 한다. 2007년에 예수교장로회 통합 교단의 목회자들과 예수교장로회 합동 측 교단의 목회자들 그리고 한국 교회 원로목회자들 등 적지 않은 교단과 목회자들이 평양의 대부흥을 기억하며 집단적으로 회개했는데, 이제 그것은 개인적인 회개의 출발점이 되어야 한다.14) 개인의 죄가 집단적

---

14) Vgl. M. Greschat (Hg.), *Die Schuld der Kirche*, Bd. 4. Dokumente und Reflexionen zur Stuttgarter Schulderklärung vom 18./19. Oktober 1945, München 1982. 2차 세계대전이 끝나고 독일 교회는 자신들의 민족적인 죄를 하나님 앞에 집단적으로 고백하고, 개인적인 고백의 차원으로 나

인 고백 뒤로 숨어서는 안 된다. 교단적으로 방향을 잡은 집단적인 죄의 고백은 목회자 개개인이 교인들 앞에서, 사회 앞에서 자신의 죄를 진심으로 고백하는 단계로 이어져야 한다. 목회자 개개인의 죄 고백이 철저히 이루어질 때, 교인들 한 사람 한 사람도 자신의 죄를 고백하는 데 동참하게 될 것이고, 나아가 개교회 전체가 공동의 죄를 고백하는 상황에 이를 것이다. 한국 교회 목회자들이 정말 주의하고, 정말 부끄러워해야 할 것은 주요 교단과 목회자들의 집단적인 회개가 회개에 합당한 후속 작업과 열매 없이 끝나버리는 것이다. 그들의 회개를 향한 집단적인 노력이 바리새적인 위선으로 가득한 과시적인 기도회였을 뿐이라고 세상으로부터 비난받는 것이다. 그러므로 한국 교회 목회자들은 교단이 한 일이란 어디까지나 회개의 물꼬를 튼 것이지, 목회자 개개인과 기독교인 개개인 그리고 개교회 하나하나의 죄까지 대신 회개한 것이 아니었음을 인식해야 할 것이다.

아가고자 노력했다. 특히 니묄러 목사는 교만으로 인해 과거의 죄를 소홀히 하는 독일 국민들의 태도를 앞으로 나아가기를 원하나 한발자국도 나아가지 못하는 길과 비교했다(188). 그는 죄 고백을 거부하는 공공사회의 태도를 다루면서, 죄 고백 없는 용서와 새로운 시작, 즉 인간 앞에서의 죄 고백 없는 하나님 앞에서만의 죄 고백은 불가능하다고 주장했다(189f). 그는 자신의 죄를 포함해서 독일 교회의 죄를 모든 노력을 다해 청산하고자 노력했다. 이러한 노력들이 모여 독일 교회는 공공영역에서 새로 시작할 수 있었다.

둘째, 한국 교회 목회자들은 모델 목회자가 될 어른을 발굴하고, 섬기는 리더로서 자신을 본받는 자 되라고 할 만큼 성숙해져야 한다. 그동안 한국 교계와 각 교단 내에 어른이 없다는 탄식의 소리가 작지 않았다. 그러나 탄식만 하는 것으로 이 문제가 해결되지는 않는다. 아직 드러나지 않은 존경할 만한 어른을 발굴해야 한다. 그래서 아직 어린 사람들에게 어른의 역할 모델을 할 수 있는 목회자들을 통해 부족한 자신을 반성하고 도전받게 해야 한다. 한국 교회 목회자들 스스로 어른 대접을 받으려는 오만함을 버리고 겸허하게 주변을 돌아보기만 하면, 여기저기서 어른들을 발견할 수 있다. 완벽한 어른은 아니라고 할지라도, 한국 교회 목회자들은 예수 그리스도의 장성한 신앙에 가까워지고자 노력하는 어른들을 귀하게 여겨야 한다. 그리고 한국 교회 목회자들 스스로 어른들을 본받기 위해서 뼈를 깎는 자기성찰과 노력을 경주해야 한다. 군림하려는 리더는 결코 어른이 될 수 없다. 이제 한국 교회 목회자들은 주님 예수 그리스도처럼 철저히 섬기는 리더만이 교계와 교단에서 진정한 어른이 될 수 있음을 인정해야 할 것이다.

셋째, 한국 교회 목회자들은 상식이 통하는 교회를 만들어야 한다. 신본주의는 인본주의를 배격하지 않는다. 하나님 없는 인본주의는 철저한 인본주의가 아니기 때문에 문제가 되지만, 인본주의가 하나님의 형상으로 지음 받은 인간을 철저히 위할 수만 있다면, 우리는 인본주의를 외면할 이유가 없다. 신앙은 어떤 경우에도 상식과 대립되지 않는다. 상식을 기초로 한 단계 더 나아가는 것이 신앙이기 때문이다. 상식은 나와 너의 차이를 인정하면서 더불어 사는 것을 말하지만, 신앙은 나와 너의 차이를 인정하면서 너의 열악함을 해소하고자 자발적으로 나를 희생하는 에너지가 되기 때문이다. 지금 인본주의보다 인간을 위한 수준이 떨어져 있는 신본주의와, 세상의 일반 상식보다 언행심사의 수준이 떨어져 있는 신앙이 기독교를 궁지에 빠뜨리고 있다. 교회 안에 상식이 통하도록 하는 것이 급선무이다. 그러므로 한국 교회 목회자들은 교회 안에서 상식이 신앙의 이름으로 무시되어 왔고, 그것이 세상과 소통하는 데 방해가 되었음을 잊지 말아야 할 것이다.

넷째, 한국 교회 목회자들은 복음주의 진영과 에큐메니칼 진영을 떠나 하나님의 하나의 교회를 회복하는 일에 앞장서야 한다. 흔히 '복음적'이라는 말로 번역되는 '에반젤리칼'(Evangelical)의 교회 내적인 의미는 프로테스탄트 교회, 즉 개신교회를 지칭했고, '에큐메니칼'(Ecumenical)은 가톨릭과 개신교회 상호 간의 교류와 일치를 의미했다. 그러나 개신교회 내부에서 에반젤리칼과 에큐메니칼은 대립적인 두 진영을 의미하는 것으로 전락했다. 에반젤리칼 진영은 개인 전도와 복음화에 강조점을 두고 있고, 에큐메니칼 진영은 사회 구원과 제도 개혁, 그리고 하나님의 선교에 강조점을 두고 있기 때문이다. 그러나 에반젤리칼 진영은 '로잔 계약'을 통해서 사회 구원에 소홀히 했던 것을 반성했고, 에큐메니칼 진영은 WCC 나이로비 총회를 통해서 개인 구원에 소홀히 했던 것을 반성했다. 그렇다면 세계 교회는 신학적인 측면에서 복음주의 진영과 에큐메니칼 진영 사이에 상당히 가까워진 것이라고 말할 수 있다. 이제 한국 교회의 목회자들도 세계 교회의 경향을 주시하고, 복음주의 진영과 에큐메니칼 진영의 편가르기를 떠나, 하나님의 하나의 교회의 구성원으로서 일체감 속에 교회 개혁과 사회 섬기는 일에 협력해야 할 것이다.

다섯째, 한국 교회 목회자들은 한국 사회의 민주화와 정치선진화, 민족의 평화와 통일, 정의로운 세계 공동체와 생태계 보전 등을 과제로 삼음으로써 세상의 소금과 빛으로서의 사명을 회복해야 한다. 한국 사회가 1987년 6·29선언 이래로 김대중 정권과 노무현 정권을 거치면서 민주화를 이루었다고 하지만, 아직 성숙한 민주주의의 정착과는 거리가 있다. 이제 민주화의 대세를 돌이킬 수는 없겠지만, 민주주의의 정신과 상응한 제도를 정착하기 위해 시민들의 의식 고양과 함께 힘을 결집해야 한다. 그래서 후진적인 정당제도와 정치 모리배들을 추방하고 살맛나는 민주주의 정치를 구축해야 한다.

최근 남북관계가 경색된 현실 속에서 한반도의 비핵화를 이루는 일과 정전협정을 평화협정으로 대체하는 일 그리고 활발한 경제적 협력과 사람의 활발한 교류를 구체화하는 일 등은 한국 교회가 양쪽 정부에 도전해야 할 과제이다. 지금 세계 공동체는 물질적인 탐욕과 정치적인 이해관계 때문에 폭력과 테러와 전쟁 한가운데 있다. 한국전쟁의 쓰라림과 군사독재의 폭력과 테러를 경험한 한국 교회 목회자들은 폭력과 테러와 전쟁으로 고통당하는 제3세계 민중들의 아픔에 연대해야 한다. 이제 한국 교회 목회자들은 세상의 일에 교회가 소금과 빛으로 다가갈 때 타자를 위한 교회가 되어 새로운 전기를 마련할 수 있음을 기억해야 할 것이다.

8. 맺는 말

한국 교회 목회자들이 변하면 한국 교회 평신도들이 변하고, 한국 교회 평신도들이 변하면 한국 교회가 변하고, 한국 교회가 변하면 한국 사회와 세계가 변할 것이다. 한국 교회는 목회자 중심의 교회이기 때문에 한국 교회의 변화를 위해서는 일차적으로 목회자가 변해야 한다. 목회자의 변화는 무엇보다 리더십의 내용을 바꾸는 데서 출발해야 한다. 한국 교회 목회자들은 자신이 목회자가 되고자 결심하던 당시의 정직과 청빈, 순수함과 순결함의 초심을 회복해야 한다. 한국 교회의 목회자들은 권위로 진리를 삼으려 했던 바리새인의 모습을 떨쳐버리고 예수 그리스도처럼 진리로 권위를 삼으려해야 한다. 하나님처럼 되고자 했던 아담의 상향적인 방향을 전환해서 사람이 되고자 하셨던 하나님의 하향적인 방향을 자신의 방향으로 삼아야 한다. 이처럼 한국 교회 목회자들이 변하기만 하면, 순한 양 같은 평신도들은 저절로 따라올 것이다. 한국 교회 목회자들은 평신도들이 변하지 않는다고 탄식할 필요가 없다. 사실은 목회자들이 변하지 않아서 평신도들이 변하지 않기 때문이다. 한국 교회 목회자들과 평신도들이 변하는 순간 한국 교회는 당연히 변하게 될 것이고, 변한 한국 교회는 세상의 소금과 빛이 되어 세상에 하나님의 나라를 확장해나갈 수 있을 것이다. 바로 이 일에 한국 교회의 목회자들이 동참해야 하는 것이다.

권 력 비 판 적 접 근

한국 기독교, 권력화의 길과
탈권력화의 길

최형묵

천안살림교회 목사, 한신대 외래교수

*이 글은 최형묵, 『한국 기독교와 권력의 길 - 그 내부에서 바라보며 대안을 찾는다』, 민예총문고 11(서울: 로크미디어, 2009)에 수록된 내용을 축약하여 재구성하고 다듬은 것이다.

1. 한국 기독교의 보수화, 어떤 변화가 있었나?

1970-1980년대 한국 기독교는 한국 사회의 진보적 표상으로 인식되었다. 당시 한국 기독교는 비정상적인 개발독재국가 체제하에서 민주주의와 인권을 위해 싸우는 가운데 훗날 여러 갈래의 운동으로 분화된 진보적 사회운동의 요람과 같은 역할을 했기 때문이다.

그러나 1987년 민주화 대투쟁 이후 점진적으로 민주주의의 제도화가 진행되면서 진보적 표상으로서 기독교의 이미지는 점차 흐려지기 시작했다. 그리고 1990년대 이후 최근에 이르는 동안 한국 사회 안에서 기독교는 보수적 표상으로 인식되고 있다. 1989년 한국기독교총연합회가 결성된 이래 보수주의 기독교는 두드러지게 정치 행동에 나서게 되었고, 많은 사회적 관심사에서 보수적 정치 견해를 뚜렷하게 표명하였다. 사회적 쟁점이 되는 거의 모든 사안에서 기독교는 자기 이익의 수호를 위한 이익 집단처럼 행동했고, 그러한 정치 행동으로 기독교에 대한 이미

지는 이전과는 전혀 달라졌다. 그와 같은 정치 행동은 많은 경우 사회적 합리성과는 거리가 멀었고, 게다가 심심치 않게 돌출된 대형 교회들의 비리는 시민사회의 도덕적 규준과 심각하게 충돌하기까지 했다. 그 때문에 일반 언론에서 기독교의 비리가 중요한 보도 소재가 되고, 네티즌들 사이에서는 안티 기독교 사이트가 급증할 정도로 기독교에 대한 불신감이 팽배하게 되었다.

민주화운동이 진행되던 20여 년 어간 진보적 표상으로 여겨졌던 기독교가 이후 민주주의의 제도화가 진척된 20여 년 어간에 보수적 표상으로 뒤바뀐 사연이 무엇일까?

사실 어떤 종교든 동일한 이름을 갖고 있다고 해서 그 실체가 동일한 것은 아니다. 종교 내에서 다양한 세력들이 존재하기 마련이고 그 다양한 세력들은 각기 그 나름대로 신앙과 정치적 입장을 달리한다. 특별히 한국 개신교의 경우 교파가 무척 다양할 뿐 아니라 이념 지형에서 또한 다양한 분포를 보이고 있다. 한국 기독교 역사 초기부터 각기 다른 신앙 양태들과 다른 정치적 견해들이 존재했다. 하지만 100여 년의 한국 개신교 역사에서 보수주의적 성향은 지배적인 주류를 형성해왔고 기독교 내에서 보수주의의 우위는 어느 시대를 막론하고 크게 다르지 않았다. 물론 개신교 수용 초기 봉건적 질서와 가치관에 대한 대안으로서 수용된 기독교 신앙은 당대에는 진보적 의의를 지녔다. 하지만 기독교가 한국 사회에 뿌리를 내리는 과정에서 보수적 색채를 뚜렷이 해나갔다.

진보적 기독교의 역할이 두드러져 기독교 자체가 한국 사회에서 진보의 표상처럼 인식되었던 1970-1980년대에도 사실은 기독교 내에서 보수주의의 우위는 계속되었다. 널리 알려져 있다시피 1970-1980년대는 한국 기독교의 급성장기에 해당한다. 이 시기 성장을 주도한 것은 보수적 기독교였다. 경제성장 정책이 가속화된 상황에서 보수적 기독교는 음으로 양으로 그 수혜를 입었다. 한국 사회에서 대중적으로 기독교가 영향력 있는 종교로 각인된 것은 바로 1970-1980년대였고, 이 시기 기독교는 각종 대형집회를 통해 그 존재를 과시했다.

이 시기에 진보적 기독교의 역할이 두드러져 보인 것은 기독교 내에서 그 세력이 양적으로 우위를 점하고 있었기 때문이 아니다. 당시에도 진보적 기독교 세력은 소수에 지나지 않았지만, 전 사회적으로 개발독재에 맞선 민주화의 과제가 중요하게 제기되었고 민주화운동에 적극적으로 참여한 기독교의 역할이 돋보였기 때문이다. 1970-1980년대 진보적 기독교의 역할이 사회적 영향력 면에서 상대적으로 두드러졌고 그 의의를 결코 과소평가할 수 없지만, 그 시기에도 한국 기독교는 전반적으로 보수적 성향을 강하게 띠고 있었다. 오늘 공세적으로 정치적 보수화 경향을 뚜렷이 보이고 있는 기독교의 모습은 한국 기독교 전반이 갑작스럽게 우경화된 탓이 아니다. 주류 한국 기독교의 보수주의는 오랜 기원을 갖고 있고 그 생명력 또한 강하다.

정치적 행동의 측면에서 보면, 최근 기독교의 모습이 다소 갑작스럽게 느껴지는 것은 사실이다. 보수와 진보가 비교적 선명하게 대립되던 1970-1980년대 진보적 기독교가 정치 참여 태도를 취한 반면, 보수적 기독교는 정교분리를 내세워 어떤 정치적 행위이든 금기시하는 경향이 있었기 때문이다. 그런 태도에 비하면 오늘 보수 기독교가 공공연하게 교회의 '예언자적 역할'을 내세우며 정치에 참여하는 것은 방향의 급선회처럼 보인다.

그러나 엄밀히 평가하건대, 1970-1980년대 한국 보수 기독교는 스스로 표방한 신학적 주장을 따라 정교분리의 원칙에 충실한 것은 결코 아니었다. 정치에 대해 어떤 명시적인 발언과 참여를 하지 않는 것 자체가 정치적 효과를 유발하는 행위라는 점에서 그런 것만은 아니다. 오늘까지도 영향력을 행사하고 있는 보수 기독교의 핵심세력들은 정교분리를 표방하였던 그 시절에도 사실은 정치에 깊숙이 관여하였고 구체적으로 정권과의 긴밀한 협력관계를 유지했다. 정권에 대한 비판적 · 저항적 태도는 정치 행위로 간주하면서, 잘잘못은 분별하지 않은 채 정권을 정당화해주는 조찬기도회와 같은 형태를 종교 행위로 간주하는 것은 분명 모순을 함축하고 있다. 그럼에도 불구하고 보수 기독교가 정교분리의 원칙을 표방한 신학적 입장에서 어떤 '전향'을 한 것인지는 다시 한번 따져 물어야 할 사안이지만, 무엇보다

1970- 1980년대 한국 보수 기독교가 정치에 참여하지 않았다는 것은 전혀 사실이 아니다.

그 점에서 오늘 보수 기독교의 정치 행위는 사실상 새삼스러운 현상은 아니다. 달라진 점이 있다면 정치권력에 대한 '저항'과 '협력'의 관계가 기독교 내 세력들 사이에서 엇갈리게 된 점이다. 권위주의 정권에 협력했던 보수 기독교 세력이 민주화의 결과로 탄생한 개혁적인 정권에 저항하는 태도를 취한 반면, 권위주의 정권에 저항했던 진보 기독교 세력이 개혁적인 정권에 협력하는 태도를 취한 것이 지난 20년간 민주주의의 제도화가 이뤄지던 시기의 풍경이다. 그리고 이명박 정권의 탄생과 함께 그 역할은 다시 역전되고 있다.

2. 한국 기독교, 권력화의 길

1) 주류 한국 기독교의 뛰어난 적응력

이명박 정권의 등장은 한국 기독교의 실체를 가늠해볼 수 있는 시금석과 같은 사례이다. 그것은 한국 현대사에서의 기독교의 역할을 점검해볼 수 있는 하나의 계기를 제공해준다. 특별히 민주화 이후 한국 기독교의 지형도와 관련해서 매우 의미심장하게 음미해볼 만한 시사점들을 함축하고 있다.

우선 주류에 해당하는 한국 보수 기독교 전반이 이명박 후보를 지지했다는 점을 주목할 필요가 있다. 이 지지대열에는 주류 한국 기독교를 형성하고 있는 주요 교회 및 기독교 세력이 모두 포함된다. 보수적 기독교인들의 지지가 이명박 정권의 탄생에 중요한 역할을 했다는 것은 주류 한국 기독교를 평가하는 데 매우 중요한 시사점을 함축하고 있다. 그것은 주류 한국 기독교의 일관된 경향과 상관관계가 밀접하기 때문이다. 다시 말해 이명박 정권의 탄생에 중대한 기여를 한 한국 기독교의 태도는 특정한 정치적 국면에서 나타나는 일과성 현상으로서보다는 한국 현대사에서 일관된 주류 기독교의 속성을 드러내주는 연속적 과정의 한 계기로서 의미를 지니기 때문이다.

과연 그 함축하는 의미가 무엇일까? 단적으로 말해 힘에 대한 숭배 성향을 강하게 띤 주류 한국 기독교의 속성을 드러내주었다. 여기에는 한국 기독교의 심층에 자리한 중요한 동기들이 자리 잡고 있다. 첫 번째는 경제적 성장주의를 신앙의 성취로 인식하는 현세주의이며, 두 번째는 타자와의 소통보다는 일방적 태도를 고수하는 자기중심주의이다. 그와 같은 동기는 일체의 다른 문제들을 부차화시켜버렸다. 예컨대 경제적 성장주의가 빚어낸 부의 양극화 문제를 비롯한 폐해를 제대로 인식하지 못하게 만들었고, 심각한 윤리적 문제마저도 외면하게 만들었다.

그 덕분에 주류 한국 기독교는 중대한 정치적 국면에서 승리의 열매를 누리게 되었다. 민주화 이후 국가권력과 불편한 관계를 맺어왔고, 특히 참여정부 시절에는 사학법 개정 문제 등으로 더욱 심각한 갈등을 겪어왔던 주류 한국 기독교의 처지에서는 그 성과를 충분히 자찬할 만한 상황을 맞이하였다. 그리고 그 성과를 바탕으로 정치적 입지를 넓혀가고 있는 중이다.

주류 한국 기독교는 매우 뛰어난 현실 적응력을 갖고 있다. 정치적 조건에 따라 권력에 대해 협력과 저항을 오갔지만, 심층적인 차원에서 그 기본 동기를 그대로 지키는 가운데 적응력을 높여왔다. 한국 기독교는 100여 년의 길지 않은 역사에도 불구하고 급성장과 함께 해외 선교의 대규모 확장을 이뤘다. 뿐만 아니라 전체 인구 가운데 차지하는 비율을 훨씬 넘는 사회적 상층의 점유율 및 사회적 영향력을 확보하고 있다. 그것은 그 뛰어난 적응력에서 비롯된다. 한국 기독교는 한국적 근대화 과정에서 가장 능동적으로 적응한 세력 가운데 하나인 셈이다.

2) 돌진적 근대화와 한국 기독교의 급성장

주류 한국 기독교의 성공은 한국의 근대화에 가장 능동적으로 적응한 결과로서, 그 성공은 급속한 경제개발과 함께 이뤄진 1960-1970년대 돌진적 근대화 시대에 개가를 올렸다.

경제개발의 과정과 주류 한국 기독교의 성공 사이에 어떤 상관관계가 있을까? 우선 급속한 경제개발로 와해된 전통사회의 공동체성을 교회가 대신 담보해준 효과를 들 수 있다. 특히 도시의 교회들이 급성장한 것은 이촌향도의 직접적 결과였다. 하지만 그것이 돌진적 근대화 시대 한국 기독교의 성공 요인의 전부는 아니다. 그것은 일종의 부수적 효과였다. 더 중요한 요인은 경제개발의 논리를 교회가 그대로 수용하면서 교회가 성장을 추구했고 그렇게 성공을 거두었다는 데 있다.

애초 기독교 수용 당시부터 발전한 서구 근대 문명을 기독교와 동일시한 한국 기독교는 경제적 근대화의 성취를 곧 신앙의 성취로 인식하는 경향이 있었다. 한국 기독교의 그러한 경향은 경제개발을 중심으로 효율적인 사회를 구축한 개발독재체제 아래서 호기를 만났다. 전시체제와 다를 바 없는 방식으로 전 국민의 역량을 동원한 개발독재체제의 국민 동원 방식을 교회는 그대로 받아들였다. 박정희 정권과 신군부 정권 하에서 빈번히 계속된 대규모 집회 방식 자체가 국가의 총동원 전략을 그대로 닮았다. 그와 같은 방식은 개별 교회 단위에서도 동일하게 재연되었다. 그 안에서 선포되는 메시지 또한 경제적 성장의 이데올로기가 기독교적으로 변용된 것이었다. 예컨대 '조국 근대화'는 '민족 복음화'로, '잘살아보세'는 '삼박자 축복'으로 등식화되었다. 그렇게 교회는 경제개발의 성공을 가져온 그 체제를 그대로 모방했고 경제적 성장 이데올로기를 그대로 내면화하였다. 따라서 한국 기독교는 개발독재체제가 추구한 경제성장 정책의 문제를 그대로 안게 되었다. 세계사에서 유례없는 급속한 성장으로 아무런 안전장치 없이 자본주의의 냉혹한 병폐를 그대로 안고 있는 한국의 경제체제와 마찬가지로 교회 역시 그 병폐를 그대로 지니게 되었다.

근대 자본주의 삶의 양식이 지니는 양극의 모순은 익히 경험되고 있다. 모든 사람들이 끊임없는 욕망의 충족을 위해 내달리지만, 그 욕망 충족의 한계선에 도달하지 못하는 수많은 사람들은 배제당한다. 창업신화의 주인공은 모든 사람의 선망의 대상이 되지만 모든 사람이 그 신화를 이루지는 못한다. 너나 할 것 없이 1등을 향해 경쟁을 하지만 그 경쟁에서 승리하는 사람은 1등뿐 나머지 사람은 모두 패배자가 된다. 그 냉혹한 현실이 바로 근대 자본제가 사람들에게 강요한 삶의 양식이다. 한국 기독교가 돌진적 근대화를 추구한 개발독재체제의 병폐를 그대로 지니고 있다는 것은 바로 그와 같은 삶의 양식을 용인할 뿐 아니라 스스로 체현하고 있다는 것을 말한다.

그 사회의 병폐와 교회의 병폐가 얼마나 닮았는지는 아주 단순한 비교를 통해서도 알 수 있다. 세간에서 지적하는 교회의 양적 성장의 문제는 경제적 정의를 등한시하고 규모만을 키워온 경제 그 자체와 너무나 닮았다. 사실 양적 규모로 성공을 거둔 소위 대형 교회는 소수에 지나지 않고 대다수의 교회들은 소규모의 교회들이다. 양적 규모로 성공을 거둔 대형 교회는 1,000명 이상을 기준으로 하면 불과 2%에 지나지 않는다. 반면에 한국 교회의 60%는 50명 미만의 영세한 교회들이다. 그런데도 문제는 소수의 '성공한' 교회를 모든 교회들이 선망하고 있다는 것이다. 누구나 경제적으로 성공할 수 있다는 신화를 믿는 것과 너무나 닮아 있다. 대형 교회들이 지교회를 분립하는 것도 재벌의 문어발식 경영을 닮았고, 교회 세습마저도 재벌의 행태를 닮았다. 부의 독점적 소유와 배타적 특권이 교회 안에서도 그대로 통용되고 있다. 오늘날 교회 안에서마저 금권선거가 횡행하는 사태도 그와 같은 교회의 문제 연장선상에 있다. 규모와 성장의 논리, 그리고 국익의 논리 앞에 사고를 정지한 듯 어떠한 윤리적 대안도 제시하지 못하는 오늘 주류 한국 기독교의 모습은 그와 같은 과거의 유산과 긴밀히 관련되어 있다.

개발독재체제 하에서의 한국 기독교의 성공은 스스로 표방한 '복음화'와는 상관없는 것이었고 단지 자신의 규모와 사회적 영향력을 확대해온 과정에 지나지 않았다. 그것은 사회적 병폐를 극복함으로써 진정한 의미에서 복음을 육화하려는 기독교의 실천과는 질적으로 다른 것이었다. 정권의 비호와 그 통제 하에 있는 여러 세력과의 공모관계 안에서 자신의 영향력을 확대하고 자신의 존립 자체를 절대화해온 과정일 뿐이었다.

3) 진리의 독점을 정당화하는 내면의식

성공을 거둔 교회는 마치 절대 권력과 마찬가지로 진리 자체를 독점한 듯한 의식에 사로잡혀 자신과 다른 타자와의 건강한 소통 자체를 하지 못하는 불능 상태에 빠졌다. 오늘날 시민사회와 합리적 소통을 하지 못하는 교회의 모습도 그렇거니와, 타종교에 대해 유달리 강한 전투적 배타주의는 그와 같은 주류 한국 기독교의 속성을 잘 보여준다. 한국 기독교의 타 종교에 대한 전투적 배타주의의 기원은 한국에 기독교를 전파해준 미국의 근본주의 기독교에서 유래한 측면도 있지만 개발독재체제 아래서 스스로 힘을 가진 세력으로 입지를 굳히게 된 성공과도 결코 무관하지 않다. 경제적 성장의 논리는 필연적으로 배제의 논리를 안고 있다. 성장의 논리를 체현한 교회는 배제의 논리 또한 강화한 것이다.

1970-80년대 박정희 정권과 신군부 정권으로 이어지는 권위주의 시대의 배제의 논리는 일정 정도 억제될 수밖에 없었다. 타종교를 향한 배타적 시선은 그 시대에도 노골적으로 드러나 있었지만 사회적 의제들에 대한 태도에서는 그다지 뚜렷하게 드러나지 않았다. 그것은 일차적으로 권위주의 시대 성격 자체가 사회 모든 부문의 언로를 억압하고 있었던 것과 무관하지 않다. 그리고 한편으로는 바로 그 권위주의와 싸웠던 또 다른 기독교의

도덕적 정당성이 보수 기독교의 자기중심적 배타성의 논리를 억제하는 효과를 지녔다.

그러나 민주주의의 제도화가 이뤄지고 상대적으로 자유로운 언로가 열리게 되었을 때 보수 기독교는 자기중심적 배타성의 논리를 유감없이 펼치게 되었다. 더욱이 민주화 이후 정부가 불편한 상황을 야기한 것으로 여겨지자 보수 기독교 세력은 자기중심적 배타성의 논리를 더욱 강화하게 되었다. 사회적으로 논란이 되는 쟁점마다 보수 기독교는 자기주장을 적극적으로 표명하게 되었고, 사안마다 적용하는 스스로의 기준을 절대적 기준인 양 내세웠다. 그러나 그 주장들은 거의 예외 없이 이익집단의 자기 옹호 주장과도 같았다. 예컨대, 주5일근무제, 양심적 병역거부, 출판물과 영화 등 예술 작품 문제, 사립학교법, 차별금지법 등에 관한 태도에서 자기 이해에 민감한 태도를 보였고, 세계적 차원에서도 논란되었던 해외 선교 문제와 관련해서도 자기중심적 태도를 분명하게 보여주었다.

근래에 우리 사회에서 쟁점이 된 여러 사례들에서 나타난 주류 한국 기독교의 태도는 마치 스스로 진리를 독점했다고 여기는 내면의식에서 비롯된 것이다. 주류 한국 기독교는 "교회 밖에는 구원이 없다."는 것을 확고부동한 철칙으로 내세우고 있다. 열정이 과도한 이들은 노상에서 "예수 천당, 불신 지옥"을 외쳐대기도 한다. 공식적 교회들에서 보이는 태도는 그와 같은 열광주의적 행태와는 다르지만, 본질적으로 자기의 정당성만을 주장하고 타자의 부당성을 외치는 극단적인 이분법에 매여 있다는 점에서 한가지다.

4) 교회의 자족적인 폐쇄회로와 그 기제들

주류 한국 기독교의 신앙을 형성시킨 데에는 거시적인 역사적 조건만 있는 것은 아니다. 그 신앙을 정당화하며 확대 재생산하는 교회 내의 기제가 자리하고 있다. 그것은 일종의 폐쇄회로를 구축하여 교회 안과 밖을 구별짓고, 교회 안에 들어온 사람들 사이에 자신들만의 독특한 의식세계를 형성시킨다.

역사적으로 한국의 기독교인들은 교회가 가진 힘을 실질적으로 느낄 수 있었던 여러 경험들을 가지고 있다. 교회는 역사적·사회적 위기로 불안해하는 사람들에게 분명한 심리적 안정 기제를 제공했다. 동시에 교회는 실질적 피난처가 되기도 했고, 자원 배분의 창구 역할을 맡기도 했다. 교회는 역사적·사회적 위기로 발생하는 고통 그 자체를 문제 삼기보다는 교회 안의 여러 가지 기제를 통해 그 고통을 견디며 다시 생존경쟁의 전의를 불태울 수 있는 용기를 북돋아주는 역할을 해왔다.

그런데 그 '은혜'를 누릴 수 있는 것은 교인이 되는 길을 통해서이다. 역사적으로 한때 자원 배분의 배타적 창구 역할을 했던 교회는 이제 사실상 은혜의 독점적 창구 역할을 하는 기관으로 승격되었다. 따라서 사람들은 교회에 헌신하고 그 안에서 엎드려 회개함으로써 그 은혜를 누리기를 갈망하게 되었다. 이러한 기제를 통해 교인들은 교회 안에서는 '죄인'이지만 교회 밖을 나서면 은혜를 누리지 못하는 죄인들과 구별되는 '의인'이 되는 의식의 전도를 경험한다. 그러니까 고통을 야기하는 현실, 따라서 사람들이 겪어야 하는 고통 그 자체는 전혀 변하지 않았는데도, 교회 안에 있는 사람들의 의식 가운데서는 그 고통은 저 밖의 죄인들의 문제일 뿐인 것처럼 되어버린 것이다. 사실 소수를 제외하고는 대다수는 무차별적인 경쟁사회에서 힘겹게 살아가는 사람들일 텐데, 그들이 교회 안에서 버틸 뿐 아니라 나아가 헌신적인 '성도'가 되는 이유는 성공신화에 대한 믿음을 곧 복음에 대한 믿음으로 치환시키는 교회의 구조와 신학 탓이다.

고통의 현실에 직접 다가가 그 대안을 찾도록 하기보다는 그 대안을 다른 방식으로 치환시키도록 하는 신학은 사실 그 치환의 효과를 강화시켜주는 교회의 구조 및 성격과 맞물려 있다. 단도직입적으로 말해 고통스러운 현실과의 대결을 무디게 만드는 신학은 교회에 대한 헌신 그 자체가 고통을 극복하게 해주는 유일한 대안인 것처럼 믿게 만드는 교회의 구조 및 성격에서 비롯된다. 그 신학은 항상 단순하고 명쾌하지만 그 신학을 떠받쳐주고 있는 교회의 여러 기제들은 '보이지만 보이지' 않게 작동하고 있다.

① 독점적인 상층 정치구조

예수는 교회를 원하지 않았지만 현실의 기독교인들은 교회를 만들었다. 이 사실은 처음부터 교회가 예수의 본래 자리에서 벗어날 수 있는 가능성을 시사함과 동시에 역사적 한계 안에서 살아가는 사람들의 선택의 불가피성을 시사한다. 성서는 여러 가지 방식으로 불가피한 선택으로서 교회의 제도화를 견제하는 경향이 뚜렷하다. 아예 근원적으로 제도화를 거부하고 형제애를 중심으로 하는 소공동체를 지향하는 입장이 있는가 하면(요한복음과 서신들), 불가피하게 직분의 구별을 인정하는 경우에도 그것이 경직화된 위계질서로 전락할 것을 경계했다(그 외 서신들). 모든 은사가 하느님으로부터 비롯되며, 각 지체는 서로 어울려 한 몸을 이룬다는 서신서들의 관점은 위계적 서열을 정당화하려는 것이 아니라 은사의 동등성, 모든 직분의 동등성을 강조하려는 의미였다.

그러나 교회의 제도화는 그 나름의 당대적 합리성을 취하고 점차 고착화되기 시작했다. 교회는 세속적인 정치제도와 동일한 형식을 취하게 된다. 세속 사회의 일반적인 정치 형태인 군주제에 걸맞게 감독 중심의 조직을 갖추었던 교회는, 봉건제의 확립과 더불어 철저하게 상하의 위계를 갖춘 조직으로 굳어졌다. 봉건제 질서에서 일반 농민이 정치적 권리를 갖지 못한 것과 마찬 가지로, 그 모양을 그대로 닮은 교회에서 평신도의 교회정치 참 여는 보장되지 않았다. 그것이 성직자 중심의 중세 가톨릭교회 의 위계질서였다.

종교개혁으로 탄생한 교회는 평신도의 정치 참여를 제도적으 로 보장한 점에서 획기적인 전환의 성격을 띠었다. 회중의 대표 로서 장로를 뽑아 교회정치의 책임을 부여한 장로교회는 확실히 새롭게 싹튼 근대정신을 반영하였다. 그렇게 교회는 회중 대표 의 정치 참여를 보장함으로써 대의제에 기초한 공화정의 선구가 되기도 하였다. 그러나 오늘날 대의제 정치는 위기를 맞고 있다. 정치 현실에서 대의기관은 민의를 대변하는 장치라기보다는 소 수의 독과점 세력의 권력기관이 되어가고 있는 것이 사실이다. 독점적 군주제에 비해 상대적 진보성을 지녔던 대의제는 이제 그 적실성을 검토받아야 하는 처지에 이르렀다.

한국 기독교의 상층 정치구조는 요지부동이다. 장로교의 경 우를 들어 말하면, 그 정치구조는 개별 교회 단위의 당회(堂會), 지역 단위의 노회(老會), 전국 단위의 총회(總會)로 구성되어 있 다. 장로교는 이와 같은 단위를 일러 치리회(治理會)로 규정하고 있는데, 이것은 회중의 의사를 대표하는 의결기구로서의 성격보 다는 일종의 통치기구로서의 성격을 강하게 내포한다. 이 정치 구조는 실제로 교회 회중의 대표성을 반영하기보다는 그와 상관없이 권력기구화되어 있다. 교회 회중의 과반수를 차지하는 여성의 대표권은 그 정치구조에서 거의 배제되어 있고, 젊은 층의 대표권 역시 전적으로 배제되어 있다.

② 서열화된 교회 직제

한국 교회 안에서 직분은 철저하게 위계적 서열관계 안에 위치하고 있으며, 그것은 단순한 역할상 차이를 나타내지 않고 실제로 책임의 비중을 나타내고 있다. 장로교의 경우, 아무런 직분이 없는 일반 평신도가 공식적으로 교회 내의 의결기구를 통해 의사를 반영할 수 있는 기회는 거의 1년에 한 번뿐인 공동의회밖에 없다. 집사는 대개 한 달에 한 번 제직회를 통해 의견을 피력할 수 있다. 반면에 당회를 구성하는 목사와 장로는 치리를 담당한다는 권위와 함께 교회의 매사를 직접 관장한다. 그와 같은 교회 구조는, 교회의 직제가 사실상 역할 배분 차원을 넘어 철저하게 위계화된 조직이라는 것을 말한다. 그런 상황에서 '신앙이 좋다'는 것을 입증하는 길은 교회 내 위계질서에서 상층으로 진입하는 절차와 거의 동일시되고 있다.

오늘날 한국 교회에서는 그와 같은 위계질서에 의문을 제기하고 개선하려는 움직임보다는 오히려 강화하려는 추세가 훨씬 강하다. 그 단적인 예 가운데 하나가 교회 내 직분의 남용 현상이다. 오늘 한국의 여러 교파들의 교회 내 직분만 볼 것 같으면,

교파의 특성을 알 수 없을 정도다. 집사 직분은 모든 개신교 교회 안에서 일반적이지만, 장로교가 아닌 교회에서도 장로는 일반화되었다. 반면에 또한 장로교 안에도 권사가 있고 안수집사도 있다. 교파의 특성과 상관없이 채택된 여러 직분들은 은사의 효율적 배분 수단으로서보다는 그 위계의 등급을 세분화하는 효과를 지니고 있다.

③ 위계질서를 강화하는 예배 양식

교회에서 현실적으로 이뤄지고 있는 예배는 사실상 교회의 수직적 위계질서를 최종적으로 승인하고 강화하는 효과를 지니고 있다. 예배는 우선 말씀을 선포하고 성례전을 베푸는 목회자와 그것을 받는 회중의 분명한 구별구도로 이루어진다. 그 구도는 능동적 목회자와 수동적 평신도 회중을 갈라놓는다. 물론 예배의 일부 순서를 평신도 회중 가운데서도 맡는다. 하지만 예배 순서를 맡은 사람의 등장 빈도와 비중은 거의 정확하게 위계화된 교회 직분 서열을 반영한다.

예배는 그 자체로 하나의 신성화된 의식으로 받아들여지기 때문에 예배에 반영된 현실의 관계는 그대로 신성화되는 효과를 지닌다. 그 점에서 예배는 위계화된 질서를 최종적으로 승인하고 강화하는 기제가 된다. 게다가 신성화된 예배는 쉽사리 변경할 수 없는 것으로 간주된다. 그렇기 때문에 예배로 성화된 현실

관계는 더더욱 확고부동해진다.

④ 배타적 군림의 상징으로서 교회 공간

위계적인 신앙 문화 형성에 절대적으로 기여하는 또 하나의 요소가 교회당 건축물 내지는 공간이다. 건축물이나 공간은 상징적 성격이 강하기 때문에 그 형태나 구조 자체가 주는 의미는 다양하게 해석될 수도 있다. 또 직제나 예배처럼 균질적인 특성을 지니고 있는 것이 아니기 때문에 쉽사리 일반화시켜 이야기하기가 어렵다. 그럼에도 불구하고 한국 교회 건축물이나 공간은 대체로 일반화된 어떤 인상을 갖고 있다.

우선 눈에 띄는 대형 교회들의 교회당은 그 건축 양식에 상관없이 확연한 하나의 인상을 풍긴다. 대개 주변 환경과 상관없이 거대한 외양으로 우뚝 선 교회당은 지배와 군림의 이미지로 다가온다. 그러한 이미지를 주는 대형 교회들이 대개 성장주의를 주도해왔다는 점에서 어쩌면 그렇게 군림하는 형상으로 서 있는 교회당의 이미지는 소통과 공존의 가치보다는 배타적 경쟁과 군림의 가치를 사실상 숭상하는 한국 교회의 신앙 문화를 상징하는 것이라 할 만하다. 많은 교회에서 '교회당' 또는 '예배당'이라는 말보다는 '성전'(聖殿)이라는 말이 선호되는 것도 배타적 신앙과 교회 건축물과의 상관관계를 시사한다.

그와 같이 배타적인 신앙관은 독립적인 교회당의 구조와 용도에서도 일정 정도 나타난다. 대개의 교회 건축의 구조는 일요일 예배를 드리는 공간을 중심으로 하고 여타의 공간들은 부차화되어 있다. 회중의 집회를 중심으로 하는 교회의 특성상 당연한 측면도 있지만, 그 공간이 한정된 시간에 예배당 이외의 목적으로는 활용될 수 없는 점은 하나의 중심 이외에 나머지를 부차화하는 신앙 의식과 상통한다. 장애인을 배려하는 건축구조를 갖추고 있는 교회당이 드물다는 것도 눈여겨봐야 할 대목이다.

독립된 교회당을 갖추고 있는 교회나 임대교회나 공통된 교회 내부 구조상의 특징이 하나 또 있다. 높은 강단과 장의자로 배열된 회중석의 모양이 그것이다. 이 구도는 교회의 위계질서를 선명하게 보여준다. 이 구도는 우선 강단에 오를 수 있는 사람과 오를 수 없는 사람을 분명하게 갈라놓는다. 강단은 확연히 구별되어 있고 그 위에 오른 사람들에 대한 배려도 특별하다. 예컨대 위엄 있고 안락한 개별 의자가 놓여 있다. 반면에 회중석은 딱딱한 붙박이 장의자가 놓여 있고 다닥다닥 붙어 앉게끔 되어 있다. 강단에 선 설교자가 한 시선으로 온 회중을 통괄하는 형세다. 이와 같은 구도는 제단에 오른 이의 '권위'와 회중석에 앉은 이들의 '순종'을 자연스럽게 내면화시킨다.

⑤ 차별의식을 조장하는 교회생활 언어와 성서번역본
위계적인 신앙 문화를 내면화하는 기제 가운데 가장 강력한

영향력을 끼치는 것은 교회생활 언어와 성서이다. 이것은 사실 의식하지 못하는 가운데 익숙해져 있기에 오히려 다른 어떤 것보다 큰 영향력을 끼친다.

예컨대 우리 사회에서 직함을 호칭으로 부르는 언어생활이 일반화되어 있기에 교회만의 문화라고 할 수 없겠지만, 교회에서의 호칭은 신앙적 권위까지 덧칠해져 일반 사회의 위계적 서열의식을 더 강화시키는 면이 있다. 흥미로운 사실은 교회 안에서 동등한 형제의식을 강조하는 호칭이 사용되고 있는데 그것이 명백하게 제한되어 있다는 것이다. '형제' 또는 '자매'라는 호칭이 그런 경우이다. '자매'나 '형제'라는 말이 호칭으로 사용될 수 있느냐 하는 것은 또 다른 문제라 하더라도, 그 호칭이 적용되는 것은 교회의 직분을 맡지 않는 신도들에게만 적용된다. 그것은 위계적 신앙 문화의 잠재적 표현 형태가 아닐까? 그러니까 그 호칭은 "우리는 모두 형제자매다."라는 의식을 표현하기보다는 '자매'나 '형제'로 불리지 않을 때 비로소 교인다운 교인으로 인정되는 현실을 반증하고 있다.

교회 안에서 위계적인 언어생활을 조장하는 데 큰 기여를 하고 있는 것이 우리말 성서 번역본들이다. 우선 한국 교회에서 가장 널리 사용되고 있는 〈개역한글판〉은 의고체적 문투여서 오늘의 언어감각에 맞지 않는다. 그럼에도 그 번역본이 가장 널리 통용되는 것은 그 의고체적 문투가 주는 권위를 자연스럽게 수용하는 한국 기독교인들의 의식의 단면을 드러내준다. 그것은 한국 기독교인들의 독특한 언어생활과 사고방식에 지대한 영향을 끼치고 있다. 문제는 그뿐이 아니다. 〈개역한글판〉을 포함해 〈공동번역〉과 〈표준새번역〉까지 공인된 세 가지 성서 번역본 모두 공통적으로 안고 있는 문제가 있다. 번역상 언어의 민주화가 이뤄지지 않았다는 점이다. 반말과 존댓말이 구분되고 존대어법이 까다로운 우리말에서 언어의 민주화를 어떻게 이룰 것이냐 하는 문제를 제기하는 것이 아니다. 적어도 반말과 존댓말이 구분되어 있는 현재의 어법상으로 볼 때, 모든 번역본에서 나타나고 있는 예수님의 반말은 정당하지 않다. 한국 교회에서 가장 널리 사용되는 〈개역한글판〉의 경우 사도들의 말씀도 모두 반말로 되어 있다. 그러던 것이 〈공동번역〉과 〈표준새번역〉에 이르러 존댓말로 바뀌었다. 그런데 예수님의 말씀만큼은 〈공동번역〉이나 〈표준새번역〉에서도 변하지 않고 그대로 반말이다. 물론 신학적으로 예수님은 하느님과 동격이기에 모든 사람 위에 계시는 분으로 떠받들어져야 한다는 믿음의 소산일 수 있다. 그러나 인간으로 오신 예수님께서, 더욱이 섬김을 강조한 분이 아무에게나 다짜고짜 반말을 한다는 것은 있을 수 없는 일이다. 우리말 어법상 그것은 언어도단이다. 그와 같은 성서 번역은 한국 교회의 일반적인 신앙 문화에 영합한 결과일 뿐이다. 그럼으로써, 겸손히 섬기러 오신 예수를 독선적으로 군림하러 온 제왕 같은 이미지로 탈바꿈시켜버렸다. 동시에 그 말씀을 대하는 이들을 수동적 타자로 전락시켜버렸다.

⑥ 평신도들의 비주체성

교회 안에서 위계적인 신앙 문화를 강화하는 데 가장 결정적으로 기여하는 요인은 무엇보다 일반 평신도들의 비주체성이다.

교회 안에서 평신도들의 수동성 또는 비주체성은 앞서 말한 여러 기제들 때문에 내면화된 결과일 수도 있다. 그러나 내면화란 일방적 강요의 결과는 아니다. 그것은 받아들이는 사람 스스로의 동의 없이는 불가능하다. 앞서 말한 여러 기제들이 위계적 교회 신앙 문화를 강화하는 외적 조건에 해당한다면 평신도의 수동성과 비주체성은 가장 결정적인 내적 조건에 해당한다. 쉽게 말해 교회에 나갈 때 누구든 위로를 받고 싶고 쉬고 싶다. 누군가에게 의존하고 싶어진다. 그러한 기대는 소위 보수적 신앙 열정을 가진 이들에게만 나타나는 것은 결코 아니다. 오히려 어떤 면에서는 진보적인 사회의식을 갖고 활동을 하는 사람들에게서도 강하게 나타나기도 한다. 다들 교회에서만큼은 번잡한 문제로 고통받고 싶어하지 않는다.

목회자와 평신도의 생활 조건의 차이를 생각하면 일면 교회 안에서의 평신도의 수동성은 납득할 만한 측면이 없는 것은 아니다. 교회의 전문 사역자로서 목회자의 생활은 어쨌든 교회중심적일 수밖에 없고 그 누구보다 강도 높은 책임을 질 수밖에 없다. 반면에 일반 평신도들은 교회 생활과는 다른 일상적인 삶을 살아간다. 특별한 집회 시간이나 특별한 교회의 활동을 위해서만 간헐적으로 참여하는 입장에서 당연히 전문 사역자에게 의존할 수밖에 없다.

그러나 그와 같은 현실이 교회 안에서의 모든 관계를 규정지을 수는 없다. 평신도들의 수동성과 비주체성이 계속되는 한 교회는 퇴행적 기관이 될 수밖에 없다. 그 교회들을 기반으로 하는 주류 한국 기독교가 자기중심적인 배타성에 빠져 있는 현실은 그 진실을 분명하게 웅변해주고 있다.

3. 한국 기독교, 탈권력화의 길

1) 민주화와 인권을 위한 기독교의 투쟁

주류 한국 기독교가 근대화 과정에 적극 적응하면서 급성장을 이룬 바로 그 시기 또 다른 한편의 기독교는 돌진적 근대화 과정의 문제들과 정면 대결하면서 전혀 다른 길을 걸어왔다. 주류 한국 기독교의 기원이 오래된 만큼 비주류 기독교의 원류 또한 거슬러 올라가자면 그 기원이 오래되었다고 할 수 있다. 그것은 일제치하의 민족적·사회적 저항운동에 뿌리를 두고 있다.

그러나 해방 직후부터 한국전쟁을 전후로 하는 기간 동안 진보적 사회운동이 단절되는 역사적 맥락에서 진보적 기독교의 전통 또한 단절되었다. 물론 그 기간 동안에도 기독교 안에는 종교적으로 극단적인 보수주의에서부터 자유주의 성향에 이르기까지 다양한 신앙의 스펙트럼이 존재했다. 하지만 이승만 정권 시절 자유주의적 성향의 기독교인들은 오히려 권력에 가까운 입장을 취하고 있었다. 기독교 신앙을 발전한 서구의 근대 문명과 동일시하고 기독교화를 통한 근대화의 실현이라는 면에서 종교적 보수주의와 자유주의는 적어도 그 시기에 사실상 동일한 입장을 취하고 있었다. 친미 기독교 인사 이승만이 대통령이 되었을 때 대다수 기독교인은 모두 '기독교 국가'의 환상을 꿈꾸었던 것이 사실이다. 그러기에 정치권력에 대한 저항운동의 형태를 띤 기독교의 전통은 사실상 한동안 부재했다. 더욱이 이승만 정부 시절 한국 기독교는 교단 분열의 내홍을 치르고 있었다.

4·19혁명을 경유하고, 이어 그 반동으로 5·16군사쿠데타가 일어나 경제개발을 통한 근대화가 본격화되었을 때 일단의 기독교 세력은 그 미망에서 벗어나기 시작했다. 박정희의 삼선개헌안, 그리고 한일협정 비준이 시도되었을 때 일단의 기독교 인사들이 정치권력에 대한 저항의 목소리를 내기 시작했다. 그리고 1960년대 말 경제개발이 가속화되면서 발생한 농민, 도시빈민,

노동자 등 민중들의 문제에 관심을 기울이고 대처하는 기독교의 전통은 저변의 중요한 흐름을 형성했다.

1970년 평화시장 노동자 전태일이 노동자의 최소한의 권리를 주장하며 분신하였을 때 한국 사회는 충격에 빠졌고, 기독교 역시 그 충격에서 예외가 될 수 없었다. 기왕에 민중의 현장에 관심을 기울여왔던 기독교는 그 사건을 일대 각성의 계기로 여겼다. 그해 1970년 11월 25일 기독교인들이 신·구교 합동으로 전태일추모예배를 드릴 때 김재준 목사는 추도사에서 말하기를, "… 우리 기독교도들은 여기에 전태일의 죽음을 애도하기 위해 모인 것이 아니라, 한국 기독교의 나태와 안일과 위선을 애도하기 위해 모였다."고 했다. 그것은 기독교의 일대 전환을 의미했다. 이후 그 사건의 의미를 깨달은 기독교는 민중과 함께 하는 기독교로서 스스로를 자리매김했다. 더욱이 1972년 유신헌법이 제정되자 많은 기독교 인사들은 권력의 횡포에 맞서 민주주의와 인권을 수호하기 위한 대열에 적극적으로 동참하며 헌신했다. 그것은 실천적이면서 동시에 신학적인 성격을 띠었다. 한국 사회의 현실을 직시한 기독교는 정치권력의 횡포에 맞서고 민중의 권리를 보호하기 위한 여러 활동을 적극적으로 펼치는 가운데 새로운 신학적 인식에 도달했다. 민중과 함께 한 예수를 재발견하고 그로부터 모든 신학적 사유를 새롭게 하였다. 민중신학이 탄생한 것이다.

당시 정권과의 밀약 내지는 뒷거래를 통해 급성장을 주도하고 있던 주류 한국 기독교에 비해 한국 사회의 현실을 직시한 기독교는 여전히 수적으로 소수였지만, 그 기독교의 활동은 양적인 차원을 넘어서는 의미를 지니고 있었다. 당시 한국 사회 현실문제에 적극적으로 개입한 기독교는 한국의 진보적 사회운동의 요람과 같은 역할을 했다. 당시 진보 기독교가 진보적 사회운동의 요람으로서 역할을 한 데에는 그 나름의 요인이 있었다. 그것은 일차적으로 기독교가 가진 국내외적인 인적·물적 네트워크 덕분이었다. 하지만 또 한편으로는 강력한 반공규율 사회로서 한국 사회의 특성과도 관련되어 있다. 분단 이후 진보적 사회운동의 맥이 끊겼다가 1960년대 이후 개발독재 체제에 대한 사회적 비판세력이 형성되기 시작했을 때 그 행보의 가장 큰 걸림돌은 반공주의였다. 워낙 강력한 반공규율이 지배하는 사회였던 까닭에 용공으로 낙인찍히는 순간 사회적 공감대를 상실할 수밖에 없었던 상황에서 기독교는 용공 낙인에 대한 보호막으로서 역할하며 사회운동의 씨앗을 길러낼 수 있었다. 기독교 스스로도 용공 낙인의 위험을 감수하고 있었지만 기독교 자체의 신학과 세계적 네트워크 덕분에 일반 사회운동이 지니는 위험 부담에 비해 그 부담은 상대적으로 가벼웠다. 그런 까닭에 사회운동의 요람 역할을 한 기독교는 자연스럽게 진보적 표상으로 인식되었고, 민주화운동이 지속되는 동안 그 기독교는 실질적으로 중요한 몫을 감당했다.

2) 민주화 이후 정권과의 협력과 진보 기독교의 분화

1987년을 기점으로 한국 민주화운동은 절정에 도달했고 이후 민주주의는 제도화의 과정에 진입하게 되었다. 이전의 권위주의 정권에 대해 저항하는 가운데 정치현실에 적극적인 참여를 해왔던 기독교가 민주화 이후 정권교체에 영향력을 미치고 교체된 정권에 직접 참여하는 양상을 띠었다. 김영삼의 문민정부와 김대중의 국민의 정부, 그리고 노무현의 참여정부에 이르기까지 그간 민주화운동의 선두에 섰던 유력 기독교계 인사들의 정권 참여가 지속되었다.

그것은 일차적으로 과거 반독재 민주화운동 시절 야당세력과의 인적 유대에서 비롯되었다. 반독재 민주화운동 시절 야당세력은 진보 기독교 세력 및 양심적 지식인 등을 포함한 재야세력과 돈독한 유대관계를 맺고 있었기 때문이다. 또한 나아가 진보 기독교 세력은 민주주의에 대한 신념으로 그 제도화에 관심을 기울이고 있었고 그것을 위해 싸워왔던 만큼 그 신념을 공유한 정치세력이 정권을 장악했을 때 그에 협력하는 것을 매우 자연스럽게 생각하였다. 진보 기독교 세력 및 과거 재야세력이 민주화 이후 정권에 참여한 것은 민주주의의 강화를 위한 목적을 지니고 있었다. 그 목적대로 민주주의의 확대와 강화에 일정 부분 기여한 것은 분명하다. 특히 인권의 지평을 넓히고 그 보장을 위한 제도를 확대한 것을 포함해 정치제도상의 민주주의의 확대와 강화에 기여했다.

그러나 그 참여가 긍정적 효과를 가져온 것만은 아니었다. 정권에 참여한 진보 기독교 세력은 민주화 이후 정부들의 경제정책에 대해 제어하는 역할을 사실상 거의 감당하지 못하였다. 민주화 이후의 정부들은 이전의 정부들의 성장주의 정책을 거의 그대로 답습했고, 심지어는 신자유주의 경제정책을 본격적으로 추진하기까지 했다. 근본적 궤도수정 없는 성장주의 정책에 가속화된 신자유주의 정책은 한국 민주주의의 제약조건이었다. 민주화 20여 년간 절차적 민주화는 진전이 있었지만 실질적 민주화는 거의 진전되지 않은 것은 그와 같은 제약조건 때문이었다. 민주화 20여 년간 평범한 사람들의 경제적 형편은 별로 나아지지 않았고 재벌 등 대기업의 사회적 영향력은 사실상 강화되었다. 빈부의 격차가 이전보다 더 심각해졌다. 이러한 정책에 대해 정권에 참여한 진보 기독교 세력은 사실상 거의 아무런 제어 역할을 하지 못한 것이다. 정권에 참여한 진보적 기독교 세력은 결과적으로 정권을 정당화하는 역할에 머물렀고, 그로 말미암아 우리 사회 저변세력으로부터 일정 정도 이반될 수밖에 없었다.

기독교 내적 차원에서 보자면 기독교의 보수화에도 일정 정도 기여했다. 그것은 스스로 사회 저변층 곧 민중들의 이해기반으로부터 거리를 두게 되었다는 점 때문만이 아니라 보수 기독교의 정치적 행동을 결과적으로 촉발시킨 요인을 제공하기도 했다는 점 때문이다.

앞서 살펴본 대로 보수 기독교의 정치행동은 기본적으로 이전부터 지속되어온 힘에 대한 숭배 신앙이 민주화된 정치적 상황에서 공공연하게 표출된 성격을 지니고 있다. 민주주의의 제도화는 정치제도적 차원에서 시민사회의 합리성과 공공성을 확장하는 효과를 가져왔다. 기독교 보수주의는 시민사회의 합리성과 공공성이 자신의 기득권을 침해하는 것으로 받아들였다. 여기에 이념적 혼란의 위기감이 기독교 보수주의의 공격적 정치참여의 가세 요인이 되었다. 민주화는 통치 이데올로기로서 반공주의를 약화시켰고 국가보안법 등 반공주의를 떠받치는 국가적 장치의 철폐를 요구하였다. 과거 정권의 통치 이데올로기의 성격보다 더 강력하게 반공주의를 내면화한 기독교 보수주의는 이를 자신의 신학적·이념적 지주마저 위협하는 것으로 간주하고 스스로 재무장하기 시작했다. 기독교 내에서 반공주의의 공식적 철폐선언에 해당하는 1988년 한국기독교교회협의회의「민족의 통일과 평화에 대한 한국기독교회 선언」이후 보수주의 기독교계가 위기감을 느끼고 이듬해 한국기독교총연합회를 결성한 것은 우연이 아니었다.

이런 상황에서 진보 기독교의 정권 참여는 보수 기독교의 정치적 행동을 자극하였다. 과거 진보 기독교의 반독재 민주화운동은 도덕적 정당성을 지니고 있었고, 그 정당성은 보수 기독교 세력의 특권적 입장을 억제하는 효과를 발휘했다. 정치권력의 강압성만이 아니라 반독재 민주화운동의 정당성 또한 보수 세력을 억제하는 효과를 지녔다. 그러나 사회적 약자의 이해관계와 거리를 둔 채 이루어진 기독교 진보 인사의 정권 참여는 보수 기독교 세력에게 상대적 박탈감을 안겼고 따라서 경합관계를 야기하였다.

과거 진보 기독교 진영의 상층부가 사회적 약자의 이해관계로부터 이반되면서 오랫동안 한국 기독교의 유일한 대표적 연합 기구이자 동시에 진보 기독교를 대변해온 한국기독교교회협의회(NCCK)의 위상 또한 흔들렸다. 민주주의의 제도화가 이뤄지는 기간 동안 한국기독교교회협의회는 사회적 약자를 대변하기보다는 사회적 갈등의 중재자 내지는 조정자의 역할에 더 많은 관심을 기울였다. 또한 결국 성사되지는 않았지만 한동안 경합관계에 있던 한국기독교총연합회와 통합을 시도하기조차 했다. 언뜻 보아 그 역할은 공식적 교회연합체로서의 성격에 부합하는 것처럼 보였다. 그러나 그것은 사회적 현실에 대한 기독교의 비판적 개입 역할의 위축을 뜻하는 것이었다. 동시에 시민사회 내에서 진보 기독교의 역할 축소를 뜻하는 것이었다. 진보 기독교를 대변하는 연합기관이 이처럼 표류하게 된 것은 보수 기독교의 입지가 강화된 사연 때문만은 아니다. 그것은 근본적으로는 사회적 약자의 이해관계에서 이반됨과 동시에 진보 기독교 진영 내의 공감대를 상실한 상층부 인사들의 정권 참여와도 밀접히 관련되어 있었다.

민주화운동 시절 내부 결속도가 높았던 진보 기독교 진영은 민주주의의 제도화가 이뤄지는 시기 전반적으로 그 결속도가 이완되었다. 진보 기독교 진영의 상층부와 저변층이 괴리되어 원활한 의사소통이 이루어지지 않았다. 그 괴리는 사실상 정치사회적 현실에 대한 인식과 태도의 차이를 뜻하였다. 상층부는 민주화 이후 정권과 협력하면서 '위로부터의 길'로 기울어진 반면 저변층은 여전히 '아래로부터의 길'을 추구하였다.

다른 한편으로는 과거 민주화운동을 주도했던 기독교의 지도자들과 교회의 괴리 현상이 가시화되었다. 교회는 여전히 변화되지 않고 있었다는 것이 문제였다. 진보 기독교 진영에 속한 교회들 역시 사실상 주류 한국 교회의 신앙을 공유할 수밖에 없는 구조와 성향을 그대로 온존하고 있었다. 민주화운동 시절 그 교회의 신앙은 변화되지 않았다. 다만 비정상적인 권위주의의 폭압 가운데서 억제되고 있었을 뿐이었다. 사회적 민주화가 진척되었을 때 그 교회의 신앙은 사실상 주류 한국 기독교의 신앙과 다르지 않은 것으로 확인되었다. 많은 교회들은 민주화 이후 사회적 현실에 비판적으로 개입하기보다는 자족적인 신앙의 테두리 안에 머물러 있었다. 그것은 교회 내적으로 질적인 변화가 동반되지 않았기 때문이었다. 그 까닭에 기독교 내부에서는 보다 더 새로운 대안을 추구하는 경향이 나타나게 되었다.

3) 진보 기독교의 새로운 진로 모색

사회의 변화와 동시에 교회 내부의 근본적 변화를 추구하는 진보적 기독교의 사회적 실천은 한동안 매우 위축되었다. 거기에는 여러 가지 요인이 있었다. 우선 1990년대 초반 현실 사회주의의 붕괴와 거센 자본의 지구화 현실, 그리고 동시적으로 진행된 정치적 민주화 과정에서 진보적 사회운동은 전반적인 퇴조와 혼란을 겪었다. 진보 기독교 역시 그 상황을 공유했다. 그럼에도 불구하고 한편으로 민주화의 공간 속에서 사회운동은 꾸준히 발전하여 사회적 영향력을 확보해나가고 있었다. 물론 민주화 이후 사회운동은 권위주의 시절 사회운동과는 다른 양상을 띠었다. 권위주의 시절 한국의 사회운동은 흔히 민중운동으로 일컬어지거니와, 그 민중운동은 사회적 저변층의 요구를 바탕으로 권위주의 체제 자체에 도전하는 성격을 뚜렷이 갖고 있었다. 민주화 이후 흔히 시민운동으로 일컬어지는 사회운동은 민주화의 진전을 지향하며 체제 내에서의 민주적 제 권리의 확장에 주력을 기울이게 되었다. 한국의 현대사에서 시민운동은 1970-80년대 민중운동으로부터 배태된 까닭에 그 출발점이 다르지 않음에도 불구하고, 민중운동과 시민운동은 분화되는 경향을 띠었다. 그것은 한편으로 이제 민중운동이 소수화되었다는 것을 뜻하기도 했다.

진보적 사회운동의 시민운동으로의 분화와 발전, 그리고 민중운동의 소수화는 그 두 가지 모든 측면에서 진보적 기독교 진영에도 영향을 끼쳤다. 시민운동의 분화와 발전은 과거에 진보적 사회운동의 요람 역할을 했던 진보 기독교 진영의 역할이 축소되었음을 뜻했다. 게다가 민중운동의 소수화는 민중운동 지향의 진보적 기독교 사회운동 역시 소수화되었음을 뜻했다. 전반적으로 민주화 시대 진보적 기독교 사회운동은 그렇게 그 역할이 축소되었다. 여기에 앞서 말한 진보 기독교 진영의 상층부와 저변층의 분화도 그 역할의 축소 요인이 되었다.

그러나 신자유주의적 경제 개방화 물결과 함께 민주화의 한계 상황이 노정되고, 급기야 민주주의의 퇴조 현상을 불러일으킨 이명박 보수 정권의 등장과 함께 진보적 사회운동은 전환의 계기를 맞게 되었다. 기본적으로 자본의 지구화와 이를 뒷받침하는 군사적 패권의 확장으로 발생하는 폭력의 악순환 상황 속에서 사회적 약자의 기본권 확장과 평화로운 삶의 조건, 그리고 지속가능한 생태환경을 위한 목표에서 여러 계급 · 계층의 민중운동은 연대할 수 있는 조건을 확보하게 되었으며 앞으로 그 역할이 새삼 중요해지게 되었다. 진보적 기독교 사회운동은 지난 2004년 "변화된 세계와 기독교 사회운동의 재구성"을 주제로 기독교사회포럼을 열면서 새로운 가능성을 타진하게 되었다. 그리고 최근에는 미국의 군사적 패권주의에 대항한 평화운동과 반세계화 및 자유무역협정 저지운동, 그리고 이명박 정권의 개발정책과 민주주의의 성과를 훼손하는 정책들에 대항하는 전선에서 다양한 세력들이 연대하면서 새로운 진로를 찾아나가고 있다.

최근 진보 기독교 진영의 특기할 만한 양상은, 이른바 에큐메니칼 진영의 저변층과 복음주의 진영의 저변층이 연대하고 있는 점이다. 그것은 과거 기독교 진보 진영과 보수 진영의 저변층이 수렴되고 있는 현상으로서, 기독교 내부의 새로운 변화를 뜻한다. 이 양 층은 사회적 실천에서 연대할 뿐 아니라 기존 교회 지도력을 비판하고 교회의 구조를 새롭게 하려는 교회개혁운동에서도 연대하고 있다. 이것은 기독교의 전반적인 보수화 추세에 대한 대응으로서 의미를 갖는다.

4) 진보 기독교의 과제

전반적으로 보수주의가 득세하고 있는 현실에서 진보적 기독교는 어떤 진로를 모색할 수 있을까? 그 진로는 오늘날 사회적 약자들의 삶을 피폐화시키는 현실에 대한 분명한 인식과 그에 대한 대안을 추구하는 것이다. 현실에서 제기되는 과제들은 대안의 방향을 설정해준다.

첫째, 민주주의에 대한 급진적 시각이 필요하다. 민주주의는 그 자체로 다양한 의미를 지닐 수 있고 역사적으로 다양한 형태로 등장하였다. 오늘 한국의 민주주의는 기본적으로 자유 민주주의 곧 자본의 지배가 보장되는 한계 안에 있는 부르주아 민주주의일 뿐이다. 한국 사회에서 정치제도상의 민주화가 진척되었음에도 불구하고 사실상 지배 세력의 변화가 일어나지 않았다. 경제적 성장주의가 여전히 지속되고 있고 동시에 대다수 민중이 민주화의 성과를 공유할 수 없었다. 이명박 보수 정권의 등장은 그나마 이룬 민주주의의 성과마저 훼손하고 있다. 그와 같은 현실은 자본의 지배가 보장되는 한계 안에 있는 민주주의에서는 필연적이다. 따라서 자본의 횡포를 제어함으로써 민중의 삶의 피폐화를 막을 수 있는 급진적 민주주의에 대한 전망을 지속적으로 모색해나가야 한다.

둘째, 자본의 지구화 현실에서 대안적 세계화를 추구하는 세력과의 연대를 모색해야 한다. 자본의 지구화는 국민주권의 위기를 초래한다. 그것은 민주화의 과정 자체가 끊임없는 동요와 위기 가운데 놓여온 현실을 통해 충분히 경험되어왔다. 한편 자본의 지구화는 국민주권을 위협할 뿐 아니라 전 세계적 차원에서 민주주의를 위협한다. 자본의 지구적 지배는 전 세계적 차원에서 국경에 상관없이 양극화 현상을 초래하고 절대다수의 사람들을 주변화시킴으로써 민주주의의 기반 자체를 박탈한다. 그러나 지구적 수탈의 네트워크는 동시에 저항과 대안의 네트워크가 될 수 있다. 따라서 이미 한국의 진보적 사회운동 및 진보적 기독교 세력이 참여해온 바와 같이 대안적 세계화의 네트워크를 더욱 강화하는 노력을 지속적으로 수행해야 한다.

셋째, 민중운동은 생명·평화운동과 더욱 긴밀히 결합해야 한다. 자본의 지구화는 무한정한 자원의 수탈로 생태계 위협을 가속화하고 있고, 한편으로 군사적 세계 지배와 병행하는 까닭에 폭력의 악순환을 불러일으키고 있다. 민중의 삶을 피폐화하는 요인과 생태계를 파괴하고 폭력적 세계 질서를 만드는 요인은 다른 것이 아니라 모두 자본의 횡포에서 비롯된다는 인식을 공유해야 할 필요가 있다. 계급·계층을 중심으로 하는 민중운동과 생명·평화운동은 접근방식에서 서로 다를 수 있지만 자본의 횡포를 넘어서야 한다는 점에서 공동의 지향성을 갖고 서로 연대하여야 할 것이다.

넷째, 소수자 운동에 대한 지속적 관심과 연대를 강화하는 노력이 필요하다. 과거 진보 기독교는 소수자 영역의 문제를 끊임없이 발굴하여 사회적으로 의제화하고 운동을 촉진하는 적극적 역할을 담당해왔다. 이주 노동자를 비롯한 여러 형태의 이주민 문제,

장애인 문제 등에 대해 진보 기독교는 적극적으로 관여해왔고, 양심적 병역거부 문제 등에 대해서도 대안을 제시하려는 노력을 기울여왔다. 최근에는 성적 소수자의 문제 등도 점차 우리 사회의 쟁점으로 제기되고 있는 상황이다. 다양한 형태의 소수자 문제에 접근하는 것은 '잃어버린 양 한 마리'에 대한 관심을 기울이는 것을 뜻하며, 그것은 주류를 향한 배타적 감수성에서 벗어나 사회적 타자들에 대한 감수성을 확장하고 낮은 자리에 함께하는 기독교 신앙의 정체성을 구현하는 길이기도 하다.

다섯째, 기독교의 사회적 실천과 교회 및 신학이 유기적으로 결합해야 한다. 과거 기독교의 사회적 실천은 민중신학을 탄생시켰다. 그러나 오늘날 기독교의 사회적 실천과 새로운 신학적 성찰은 괴리되어 있고, 기독교의 사회적 실천과 교회와의 괴리는 더욱 심각해져 있다. 민주주의가 위기를 맞고 있기는 하지만 민주주의적 가치가 확산되고 있는 상황에서도 교회 내의 권위주의는 쉽사리 극복되지 않고, 또 한편으로 성장주의가 더욱 강화되는 현상이 계속되고 있다. 과거 반독재 민주화운동 시절 기독교의 사회적 실천 효과가 교회 자체의 체질 변화에는 그다지 큰 영향력을 발휘하지 못한 탓이다. 그 점에서 근래에 교회 내 신앙생활 문화와 제도를 바꾸려는 여러 움직임이 활발히 일어나고 있는 것은 고무적이다.

5) 소통하는 신앙 형성을 위한 교회 구조의 재구성

한국 기독교의 신앙은 역사적 상황 가운데서 그 특성을 형성해왔다. 보수든 진보든 그 신앙은 기본적으로 역사적 상황 내지는 사회적 현실에 대한 반응의 성격을 띠고 있다. 그것은 사회적 현실에 대한 명시적인 인식과 개입을 강조하는 진보 기독교의 신앙의 경우에는 새삼 말할 것도 없다. 오늘날 한국 보수 기독교 역시 사회적 현실 인식과 개입을 명시적으로 드러내고 있기에 그 신앙이 사회적 현실에 대한 반응으로서 성격을 지닌다는 것 또한 논란의 여지가 없다. 심지어 보수 기독교가 사회적 현실에 대한 인식과 개입을 부차적인 것으로 여기는 것처럼 보였던 시절에도 그 신앙은 사회적 현실에 대한 반응의 성격을 지니고 있었다.

그러나 보수든 진보든 그 신앙은 또 다른 한편으로 현실적으로 존재하는 교회의 구조와 성격에 따라 형성되고 강화된다. 특히 개별적인 기독교인들의 신앙의 내면화에 교회의 구조와 성격은 지대한 영향을 끼친다. 앞서 살펴본 바와 같이 한국의 보수 기독교 신앙은 그것을 정당화하는 교회 구조와 성격을 통해 강화되어왔다. 놀랍게도 한국 기독교는 교파의 다양성에도 불구하고 그 교회의 구조와 성격상의 차이가 그다지 두드러지지 않는다. 이 점은 보수 진영이든 진보 진영이든 개별적 교회 및 교인들의 수준에서는 상당부분 신앙의 성격이 공유되고 있다는 것을 뜻한다. 동일한 교회의 구조를 통해 공유되고 있는 신앙은 보수주의적 성격이 압도적이다. 그것이 보수 기독교의 자기중심적 정치적 행동을 강화시켜주고 있음은 물론 진보 기독교 내부의 불일치 및 급진적 실천 세력의 소수화를 초래하는 요인이 되고 있다.

그렇다면 보다 더 강력한 소통 능력을 지니고 사회에 긍정적 영향력을 끼칠 수 있는 기독교의 진로는 당연히 기존의 교회 구조 자체를 새롭게 하는 것과 직결될 수밖에 없다. 그 진로는 거시적 차원에서의 역사적·사회적 현실에 대한 인식과 대안을 모색하는 것으로서만이 아니라 구체적인 교회 현실에 대한 인식과 대안을 모색하는 것으로서 찾아질 수 있는 것이다.

대안의 요청이 절박하다는 것은 그만큼 현실의 구조 자체가 강고하다는 것을 말한다. 위계적인 교회 구조를 강화하는 요인들은 교회 안팎으로 강고하게 자리하고 있다. 우선 교회의 위계적 구조는 현실 사회의 재현이라는 측면을 갖고 있다. 외적 규모를 중시하는 일반적 현실, 효율적인 능력 배분이라는 측면을 중시하는 일반 사회의 인사관리와 지도력 설정 방식은 교회 안에도 그대로 재현되고 있다. 거시적 차원에서 사회적 관계를 재현할 뿐만 아니라 매우 구체적인 일상의 생활방식마저도 교회는 일반 사회의 그것을 그대로 재현하고 있다. 그 점에서 사회적 보수성과 교회적 보수성은 긴밀하게 관련되어 있다. 이 사실은 교회의 구조 개혁이 일반 사회관계의 개혁과 무관하게 이루어질 수 없다는 것을 말한다.

하지만 한편으로 교회는 그 자체의 전통과 논리를 따라 그 보수성을 더욱 강화시켜나가고 있다. 그렇기 때문에 사회의 변화와 함께 기계적으로 교회의 변화가 일어나는 것은 아니다. 사회의 변화와 교회의 변화 사이에는 일정한 괴리가 있다. 그 괴리는 사회적 차원에서 민주화가 진전되는 상황에서도 교회는 민주화되지 않고 오히려 더 보수화되는 경향을 띠었던 지난 20여 년 간의 추세를 통해서도 알 수 있다. 결국 교회 자체를 재구성하려는 노력을 부단히 시도하지 않으면 보수성을 강화시키는 교회의 구조는 그 나름의 생명력을 지속하게 된다.

그렇다면 교회 자체를 재구성하고자 할 때 구체적으로 어떤 대안이 가능할까? 주류 기독교의 보수성을 강화시키는 교회의 여러 기제들이 지니고 있는 문제점을 어떻게 극복할 것인가 하는 것이 역시 그 대안의 실마리가 될 것이다.

① 회중의 대표성을 보장하는 교회정치 구조

오늘날 정치적 차원에서 민의를 왜곡시키는 대의제의 문제를 극복하고 직접 민주주의를 실현하기 위한 방안이 모색되고 있다. 한국 교회가 경직화된 교회 구조를 고수하고 있는 동안에도 에큐메니칼 세계 교회 기구들은 이미 오래전부터 교회 안에서 더 많은 민주주의의 실현을 위해 많은 노력을 기울여왔다. 세계 교회협의회(WCC: World Council of Churches) 등 대부분의 에큐메니칼 세계 교회 협의체들은 성직자 중심의 대표권을 지양하고 비례대표제를 통해 평신도의 참여를 보장하고 있는 추세다. 예컨대 해당 협의체의 총회를 구성할 때 그 가맹 교단의 총대를 목사, 청년, 여성 순으로 안배하는 것을 기본원칙으로 삼고 있다. 이것은 목사와 장로로만 그 대표권을 구성하고 있는 한국 교회의 상층 정치구조와는 다르다. 심지어는 장로교의 협의체인 세계개혁교회연맹(WARC: World Alliance of Reformed Churches)조차도 세계의 여러 에큐메니칼 협의체의 일반적인 원칙을 적용하고 있다. 이것은 회중의 대표로서 장로의 의미를 폭넓게 확대 해석한 결과이다.

그런데도 세계 에큐메니칼 협의체에 참여하고 있는 한국의 교회들 가운데서마저도 그와 같은 교회정치 구조를 갖춘 교단은 전혀 없다. 아직도 여성 안수를 인정하는 교단보다는 인정하지 않는 교단이 더 많고, 교회정치에 목사와 장로를 제외한 여타의 평신도들이 참여할 구조가 보장되어 있는 교단도 전혀 없다. 예외적으로 특정한 위원회에 전문가에 해당하는 평신도들이 참여하거나 평신도 대표들이 총회에 언권 회원으로 참여하는 경우가 있을 뿐이다.

이와 같은 교회의 상층 정치구조는 더 많은 민주주의를 실현하려는 일반적인 추세에 역행한다. 또한 신학적 차원에서 하느님으로부터 부여받은 은사를 오용한 결과다. 교회 안에서 목사 등 안수받은 특정한 직분의 배타적 권위가 인정되는 것은 역사적으로 존재해온 교회의 현실을 반영한 것일 뿐 불변하는 신학적 정당성을 갖는 것은 아니다. 초기 기독교에서 직분의 구별이 여러 가지 은사의 선용 차원에서 이뤄진 점을 환기할 필요가 있다. 종교개혁자들이 말한 '소명' 역시 특정 직분에 한정된 것이 아니다. 종교개혁자들은 만인사제설을 주창했는가 하면, '소명'을 일상의 직업에까지 적용하였다. 이 점에서 특정한 연령대의 특정한 남성 목사와 장로 등으로 제한되어 있는 교회의 대표권, 특히 그 양상이 더욱 심화되어 있는 상층 정치구조는 불변의 정당성을 갖는 것이 아니다. 그것은 더 많은 민주주의를 실현하려는 오늘의 추세에서 보거나 하느님 앞에서 공평한 은사의 선용이라는 신학적 관점에서 보더라도 마땅히 변화되어야 할 것이다.

② 공평한 은사의 배분으로서 교회 직제

오늘날 교회 내 위계적 질서를 강화하는 효과를 지닌 다양한 직분들은 어디에서 근거하는 것일까? 그 역시 제도화된 교회의 산물들이다. 초기 기독교 시대에는 그 직분들이 오늘날처럼 다양하지 않았다. 신약성서가 반영하고 있는 사도시대 전후의 교회 직분은 비교적 단순하다. 사도시대, 곧 예수의 제자들이 활동하던 시대에는 말씀을 전파하는 사도와 주로 구제 임무를 담당하는 집사가 있었다. 사도시대 직후에는 집사 외에 감독과 장로가 혼재되어 있었다. 이후 감독은 사제를, 장로는 평신도 회중 가운데 원로를 의미하는 것으로 정착되었다. 그러니까 성서에 비추어본다면 오늘날 개신교회의 직분 가운데 목사, 장로, 집사 정도가 그 근거를 갖고 있는 셈이다.

물론 성서의 근거 여부만 가지고 교회 내 직분의 정당성 여부를 판단할 수는 없다. 교회의 제도화가 불가피한 것이었다면 그 불가피한 현실성 안에서 어떤 합리성을 지니고 있는지, 그리고 그것이 성서가 애초 지향했던 은사의 공평한 배분의 정신에 부합하는 것인지 따져야 할 것이다. 그런데 실제 교회에서는 그 직분들이 명백히 서열관계를 규정짓는 방편으로 통용되고 있다. 교파의 특성에 상관없이 통용되는 여러 직분들은 은사의 효율적 배분 수단으로서보다는 그 위계의 등급을 세분화하는 효과를 지니고 있다.

그래서 교회 안에서 사실상 서열관계를 정당화하는 직분의 문제를 극복하기 위한 여러 방안들이 모색되고 있다. 일부 교회에서는 아예 기존의 전통적인 직분 자체를 폐기함으로써 교회 구성원 모두가 동등한 관계를 지향하는 경우도 있다. 이러한 시도가 한국 기독교 현실에서 쉬운 것은 아니다. 전통적인 기독교로부터의 이탈이라는 외부의 시선을 받아야 하는 어려움도 있지만, 그것은 교회 구조의 재구성을 목표로 하는 만큼 이미 예견된 것으로서 감수할 만한 것이다. 하지만 직책을 호칭으로 부르기를 선호하는 한국 사회 현실에서 교회 직분의 폐기는 교회 안에서 호칭의 어려움을 야기하기도 한다. 이 경우 다양한 해결책이 모색된다. '교우' 또는 '님' 등으로 일괄 총칭하는 경우도 있으며, 가톨릭의 영세명과 같이 의미 있는 별명을 부여하여 호칭으로 사용하는 경우도 있다. 어쨌든 교회 안에서의 위계적 서열관계를 극복하고 공평한 관계를 형성하려는 시도이다.

전통적인 기존 교회의 직제를 수용하는 경우에도 직분을 공평한 관계 형성에 도움이 되는 방향으로 운용하는 경우도 있다. 예컨대 목사와 장로의 임기제, 또는 비례대표 원리를 적용한 장로 선출, 여성 장로 할당제 등이 그러한 예이다. 한국 기독교 안에서 이와 같은 대안들이 공론화되기 시작한 것은 꽤 오래되었다. 하지만 그 대안들이 효과적으로 시행되고 있는 경우는 거의 없다.

그래서 최근에는 개별교회 단위에서 민주적인 정관 또는 규약을 만들어 시행하는 경우들이 많다. 하지만 종종 교단의 상위법과 충돌하는 사태도 있다. 그 경우 교단의 상위법을 '준수'하는 범위 내에서 변용하여 운영하기도 한다. 예컨대 장로임기제를 시행할 경우 사퇴 후 재신임 절차를 거치는 방식을 택하는 것이 그런 경우다. 또한 기존 교회 구조상의 직분을 수용하더라도 대표권의 행사 방식 및 의사결정 구조만큼은 바꾸려는 시도들도 이뤄지고 있다. 예컨대 현재의 교회 구조상으로 볼 때, 대의기관으로서 역할하는 당회나 제직회보다는 가능한 한 전 교인의 총의를 모을 수 있는 공동의회를 사실상 최고 의결기구로 재설정하는 방안들이 모색되고 있다. 교회의 규모상 전 교인의 총의를 상시적으로 모으는 것이 어려워 의사결정을 대의기구의 효율성에 상당 부분 의존해야 한다면 그 대의기구 자체를 기존의 직분 중심과는 달리 활동단위 중심으로 바꾸는 방식도 있다.

그나마 변화의 시도들은 교회의 규모와 무관하지 않다. 대부분의 대형 교회에서는 그와 같은 변화가 쉽지 않다. 대부분의 대형 교회는 목회자의 제왕적 카리스마에 의존하기 때문에 목회자와 신도들 간의 수직적 관계가 고착되어 결과적으로 교회 구성원들은 침묵하는 다수로만 머물러 있다. 그 안에서 교회의 변화 필요성에 대한 문제의식도 희박하다. 오늘 현실에서 대형화된 교회들이 권력을 향한 욕망을 부추기는 반면 의미 있는 변화들은 작은 규모의 교회들에서 일어나고 있는 점은 결코 우연이 아니다. 전반적으로 교회직제 자체를 새롭게 하려는 시도는 한국 기독교 안에서 아직 미미하다. 하지만 그럼에도 불구하고 그 시도는 경직된 기존 교회 구조에 균열을 일으키며 새로운 대안의 전망을 보여주고 있다.

③ 공동체 참여를 중심으로 하는 예배

가장 완고한 보수성을 지니고 있는 예배 양식에 대해서는 어떤 대안이 가능할까?

유대교의 예배 양식과 초기 기독교의 예배 양식이 다르다는 것은 상식이다. 그리스도의 몸의 질서에 참여하는 예전으로서 영성체를 중심으로 하는 가톨릭의 미사와 하느님의 말씀을 중심으로 하는 개신교의 예배 또한 다르다. 예배 양식이 그렇게 다른 것은, 교회의 제도와 마찬가지로 그 나름의 시대적 합리성을 반영하고 있기 때문이다.

신학적 의미에서 예배의 핵심은 하느님을 섬긴다는 데 있다. 하느님을 섬기는 의식으로서 예배의 정신이 손상되지 않고, 나아가 하느님을 섬기는 뜻을 더욱 극대화할 수 있다면 얼마든지 새로운 예배 양식의 모색도 가능하다. 어떤 직분을 맡았든 어떤 처지에 있든, 모두 하느님 앞에서 동등한 존재라는 고백이 가능하다면, 모두가 동등하게 하느님을 섬기는 의식으로서 예배 양식을 찾지 못할 까닭이 없다.

지금까지 가톨릭교회의 예배가 '영성체'를 중심으로 하였고, 개신교 교회의 예배가 '말씀'을 중심으로 하였다면, 공평한 관계를 지향하는 교회의 예배는 '공동체 참여'를 중심으로 설정해볼 수도 있을 것이다. 그것은 회중이 수동적 존재로 머무는 것을 넘어서 능동적으로 자신의 몸과 마음을 드림으로써 참여하는 예배를 지향한다. 새로운 예배의 중심 개념을 '공동체 참여'로 가정해보는 것은, 현재 교회의 예배에서 그 요소가 가장 결여되어 있기 때문이다. 그래서 그 공동체적 참여를 확대하기 위한 예배들이 시도되고 있다.

예배 양식의 변화와 관련하여 가장 논란이 되는 문제는 안수를 받은 목사 혹은 서품을 받은 사제 이외에 다른 일반 신도가 성사나 설교를 맡을 수 있느냐 하는 문제이다. 가톨릭의 경우 특수한 상황에서 평신도가 성사를 집행할 수 있는 권한을 인정하고 있지만, 오히려 만인사제직의 원리를 따르는 개신교에서 성사를 평신도에게 허락하는 경우는 없다. 설교의 경우는 개신교에서도 사실상 허용되는 경우가 많다. 그러나 주로 미성년이 참여하는 예배(어린이 예배, 중고등학생 예배)에 한정되거나, 성년이 참여하는 예배의 경우, 허용된다 하더라도 대개 격을 달리한다. 예컨대 예배에서 사실상 설교와 같은 위치를 차지하고 있음에도 '증언'이라든지 '간증'이라 하여 '설교'와는 격을 달리하는 것이다. 이와 같은 혼선은 예배의 중심 개념과 양식을 그대로 둔 채 부분적인 보완을 시도하는 데서 비롯된다. 물론 많은 논란의 소지에도 불구하고 그와 같은 부분적인 보완의 시도가 예배 양식의 변화를 불러일으키는 데 기여하는 것은 틀림없다.

그러나 예배의 중심 개념과 양식의 변화가 없는 가운데 이루어지는 시도는 자칫 오히려 기존 예배 양식이 지니고 있는 문제를 더욱 강화할 수 있는 소지도 있다. 예컨대, '설교'라 하든 '증언'이라 하든 그것을 맡을 수 있는 사람은 실제로 한정될 수밖에 없다. 그렇다면 결국 소수의 엘리트에게 집중되는 현상을 피하기 어렵고 그로 인한 교회 내 위화감은 훨씬 심각해질 수 있다. 쉽게 말해, 그러면 차라리 목사 한 사람을 제외하고는 모두가 동등하다는 의식에 손상이 간다. 이렇게 되면 사태는 더욱 나빠진다. 따라서 예배의 중심 개념을 새롭게 설정하여 '하느님의 백성'으로서의 모든 회중이 진정으로 하느님을 섬기고 그 가운데서 기쁨을 누리는 예배 양식의 모색이 필요하다.

또한 신학적 의미에서 예배의 모든 요소를 하느님을 향한 인간의 행위로 '격하'시킬 필요가 있다. 그래야 인간의 행위에 지나지 않는 것이 신성화되는 착오가 일어나지 않고 진정한 '예배'가 될 수 있다. 예컨대, '설교'를 '하느님의 말씀'으로 동일시하기보다는 하느님의 말씀을 깨우치기 위한 길잡이로 보는 것이다. 만인사제직의 원리를 따른다면 서로 다른 직분에 있는 신도의 행위에 차등적인 등급이 매겨져야 할 이유가 없다. 그와 같은 변화 가능성은 이미 16세기의 종교개혁 원리에서도 이미 시사되고 있는 것이다. 어쨌든, 새로운 대안은 획일화된 예배 양식의 표준을 강조하기보다는 예배 양식의 다변화를 시도하는 가운데 찾아질 수 있을 것이다.

④ 소통을 지향하는 교회 공간

배타적 군림의 상징으로서 교회 공간의 변화도 새로운 신앙의 형성에서 중요한 과제다. 교회 공간의 변화는 그 공간이 위치한 지역에서의 주변 환경과의 조화 여부, 그리고 교회당 내부 공간의 구성 등 양 측면 모두를 포함한다.

위압적으로 우뚝 솟은 교회당은 단지 시각적으로 도드라지게 하는 효과만을 지니는 것이 아니다. 그 모양은 주변의 모든 대상 위에 배타적으로 군림하는 교회의 성격을 드러내준다. 배타적으로 군림하는 형세의 교회는 조화와 소통의 능력을 상실한 교회의 속성과 그대로 통한다. 교회당은 종교적 상징성을 부각시켜야 하기 때문에 시각적으로 도드라지는 효과를 지녀야 한다는 것은 당연할지 모른다. 그러나 주변 환경과 조화를 이룸과 동시에 주변 지역민들과 소통하는 구조를 갖추면서도 종교적 상징성을 부각시키는 것이 불가능한 것은 아니다.

주변 환경과 조화를 이루는 미적 형식을 취함과 동시에 주변 지역민들과 소통하는 구조를 갖춘 교회당을 들락거릴 때 사람들은 자연스럽게 조화와 소통의 감수성을 체득하게 된다. 한국 기독교 안에서 교회 건축양식을 새롭게 하려는 시도들이 이뤄지고 있다. 그 시도는 대형화된 교회들 가운데서보다는 보다 작은 교회들 가운데서 훨씬 용이하게 이뤄지고 있다.

교회당은 그 내부 구조 또한 공평한 관계를 지향하는 교회의 성격과 어울리게 재구성될 필요가 있다. '공동체 참여'를 중심으로 하는 예배라면 당연히 예배당 구도 자체에서 강단과 회중석의 경계가 유연해져야 할 것이다. 그리고 회중석도 보다 활동적인 구도로 재배치되어야 할 것이다.

교회는 신전과 다르다. 신전이 신을 모시는 집을 뜻한다면 교회당은 회중이 모이는 집을 뜻한다. 한국 기독교에서 신전에 상응하는 성전이라는 말이 즐겨 사용되고 있는 것은 회중들 사이에서의 공평한 관계보다는 배타적 권위의 근거로서 신에 의존하고자 하는 욕망을 드러내주고 있다. 그 욕망을 뛰어넘어 신 앞에서 공평한 관계를 맺고 있는 회중을 향하는 전환이 일어나야 하고, 그에 따라 마땅히 신을 섬기는 회중이 모이는 집으로서 교회당의 성격을 되찾아야 한다.

⑤ 공평한 관계를 지향하는 교회생활 언어와 성서 번역본

한국 기독교인들 사이에서는 비기독교인들과 스스로를 구별하는 지표들을 많이 갖고 있다. 특별히 교회생활 언어는 두드러지게 구별되는 지표이다. 기독교인들은 교회에서의 직분을 일상생활에서도 즐겨 사용한다. 스스로를 '성도'로 구별하는 만큼 언어생활 또한 구별되는 것이 당연할 것이다. 그런데 일상적으로

통용되는 그 언어생활에 교회 안에 구조화된 위계적 서열의식이 동반되고 있다는 것이 문제다. 따라서 그와 같은 서열의식을 극복하기 위해서는 앞서 지적한 바와 같이 교회생활 언어 자체를 새롭게 하는 노력이 필요하다.

교회생활 언어를 지배하는 가장 결정적인 요인은 성서로서, 어떤 성서 번역본을 사용하느냐에 따라 교회 언어생활에 대한 영향력이 좌우된다. 히브리어로 된 구약과 그리스어로 된 신약 성서 원문은 라틴어로 번역되어 오랫동안 교회에서 사용되어오다가 종교개혁 이래 독일어와 영어 등 여러 나라 말로 번역되기 시작했다. 성서가 각기 민족어로 번역되었을 때 기독교인들의 언어생활을 변화시킨 것만이 아니라 해당 민족의 언어생활을 크게 변화시켰다. 한국의 경우에도 한국어 성서 번역본은 한글 전용화에 지대한 영향을 끼쳤다.

현재 한국 기독교에는 세 가지 종류의 공인된 성서 번역본과 각각 그 개정판들이 있다. 가장 오래되고 널리 사용되는 〈개역한글판〉, 가톨릭과 함께 번역한 〈공동번역〉, 그리고 〈표준새번역〉이 그것이다. 근래에 가톨릭에서는 〈200주년기념 성서〉를 따로 번역하기도 했다.

〈개역한글판〉은 직역 위주로 유학자들이 경전에 토씨를 달아 읽는 투로 번역하여 오늘날에는 읽기가 무척 어렵다. 〈공동번역〉은 의역을 위주로 하여 가장 현대 한국어에 가깝게 번역하였고 고유명사도 최대한 교과서에 가깝게 사용하여 읽기가 쉽다. 가톨릭과 함께 번역하였기에 〈외경〉(또는 제2경전)이 포함된 것도 중요한 특징이다. 〈표준새번역〉은 직역을 위주로 하고 고유명사는 〈개역한글판〉을 따르되 현대 한국어 어법에 맞게 번역하였다.

이 가운데 한국 기독교에서는 유독 〈개역한글판〉만이 널리 사용되고 있고, 그 밖의 번역본은 소수의 교회들에서만 사용되고 있는 실정이다. 오늘의 젊은 세대들에게는 더더욱 읽기가 어려운 특정한 번역본만이 고수되는 것은 교회 전통의 완고함을 시사해주며 동시에 교회의 권위주의적 문화와 무관하지 않은 현상이다. 단일한 언어의 지배는 단일한 질서의 지배를 뜻한다.

다양한 성서 번역본을 활용하는 것은 교회언어 생활의 변화를 가져올 수 있다. 나아가 특정한 개념이나 문구 자체를 신성시하는 문자주의적 해석의 한계를 넘어설 수 있는 길을 열어준다. 그 때문에 오늘날 대안적인 교회상을 추구하는 기독교인들이 현대어법에 맞는 성서 번역본을 선호하고 또한 동시에 다양한 번역본들을 활용하고 있다.

⑥ 능동적 주체로서 평신도의 자각

앞서 말한 교회 내의 여러 기제들을 변화시키기 위해서는 교회 구성원 자체의 자각이 필수적이다. 그 자각은 목회자와 평신도 모두에게 필요한 것이다. 오늘날 문제시되고 있는 한국 기독교의 권력화 현상은 특정한 목회자들의 권력 욕망 때문에 빚어진 것이 아니다. 그것은 구조화된 교회 질서 안에서 목회자와 평신도의 공모관계 안에서 빚어진 현상이다. 따라서 권력을 향한 공모의 구조를 해체하고 공평한 관계 형성을 향한 연대의 구조를 형성하기 위해서는 교회 구성원 전체의 자각과 노력이 따라야 한다.

현재의 기독교 안에서는 신학적으로, 제도적으로 목회자 중심의 교회 구조가 보장되어 있다. 전임 사역자로서 목회자가 교회 운영의 중심이 되는 것은 불가피한 측면이 있다. 그 자체로 문제가 되는 것은 아니다. 그러나 목회자 중심 구조가 사실상 목회자와 교회를 동일시하는 결과를 가져온다는 데 문제가 있다. 교회가 마치 목회자의 소유처럼 되기도 한다. 여기에서 목회자는 마치 주인처럼, 평신도는 손님과 같이 되는 현상이 나타난다. 역할의 분담 또는 은사의 배분이 차별적인 위계구조의 정당화로 귀결되어서는 안 됨에도 불구하고 사실상 그렇게 귀착되어 있는 셈이다.

물론 교회 안에서 목회자의 권위가 정당화되는 현실적인 이유가 있는 것은 사실이다. 그것은 목회자들이 일반 평신도와는 전혀 다른 전문적 교육과정을 통해 양성된다는 것과 관련되어 있다. 교회에 관한 한 평신도들이 습득하기 쉽지 않은 전문적 소양을 목회자들은 습득한다. 성서해석에 관해, 그리고 교회의 전통에 관해 목회자들은 확실히 평신도들보다 우월한 전문성을 갖추게 된다.

그러나 교회가 엄연히 현실의 사회적 관계 안에 자리를 잡고 있고, 교회를 구성하는 성원들이 현실의 사회적 관계 안에서 살아가고 있는 현실을 생각하면 목회자가 갖춘 전문성이 교회생활 전 영역에서 배타적 우월성을 정당화할 수 있는 조건은 결코 아니다. 돋보이는 목회자와 익명의 평신도 관계 안에서 보면 평신도들은 그야말로 이름 없는 다중에 불과하지만, 평신도들 한 사람 한 사람을 보면 결코 이름 없는 다중이 아니다. 사회적 신분의 지위고하를 막론하고 각기 고유한 개성과 몫을 갖고 있는 개인들이다. 그들의 개성과 몫을 인정하는 것은 하느님으로부터 부여받은 하나하나의 은사를 소중히 하는 것이다. 교회는 현실의 사회적 관계에 대한 대안적 공동체로서 성격을 지니고 있기에 현실의 사회적 관계 안에서 누리는 몫을 그대로 교회 안에서 재현해서는 안 되겠지만, 그것이 교회 안에서 평신도가 침묵해야 한다는 것을 의미하지는 않는다. 목회자가 공공연하게 그 전문성을 인정받는 것과 마찬가지로 평신도들 개인의 고유성 및 각각의 주체성 또한 인정되어야 한다.

교회 안에서 평신도 개인의 고유성과 주체성을 인정받는 것은 우선 평신도 스스로의 노력에 달려 있다. 그것은 침묵하는 다수로서가 아니라 각각 자기 목소리를 내며 고유한 역할을 수행하는 주체로 나설 때 확보된다. 오늘날 권력화한 기독교를 뒷받침하는 교회들에서 회중은 침묵하는 다수로 은밀한 공조를 하고 있다. 반면 권력화한 기독교에 대한 문제의식을 자각한 교회들에서 그 회중은 능동적인 자기 역할로 대안적인 사회와 교회를 꿈꾸고 있다.

4. 대안적 공동체로서 교회의 의미

현존하는 교회의 구조가 역사적 산물로서 상대적인 성격을 지니고 있다는 점에서 그 구조가 신성불가침의 어떤 것은 아니다. 따라서 그것이 어떤 역사적 현실에서 정당성을 지녔다 하더라도 오늘날 그 정당성의 측면보다는 폐해의 측면이 더 심각하게 노정되고 있는 것이 사실이라면 그 구조는 당연히 해체하여야 하고 새로운 구조를 구축해야 할 것이다. 교회 재구성의 여러 측면을 살펴본 것은 그 대안의 실마리를 찾기 위함이다.

그러나 현실적으로 어떤 대안이 찾아진다고 해서 그것이 또한 항구적인 성격을 지니는 것은 아니다. 우리가 추구하는 구체적 대안은 언제나 상대적이며 잠정적인 의의를 지니고 있을 뿐이다. 기독교 신학이 교회를 완전한 하느님의 백성으로서 '보이지 않는 교회'와 불완전한 역사적 실체로서 '보이는 교회'를 구별해서 이해한 것은 궁극적 대안과 현실적 대안의 괴리와 긴장을 이해하고 있었기 때문이다.

역사적 실체로서 교회 구조 또는 공동체적 존재 형식은 언제나 완전할 수 없는 어떤 결함을 지니고 있고 동시에 그 구조 자체의 유지를 위한 어떤 권위 형식을 필요로 한다.

단도직입적으로 말해 전적으로 자율적인 주체들에게는 기존의 사회적 관계에 대한 대안으로서 공동체는 필요치 않다. 이 사회가 전적으로 자율적인 주체들의 결합으로 이루어진다면 투명한 개인과 투명한 사회적 관계가 형성될 것이다. 완벽한 자유인들의 결사가 가능한 관계 안에서 대안으로서 공동체는 필요 없다. 그것은 마치 '새 하늘 새 땅'에 '성전'이 존재하지 않는 것과 마찬가지다(요한계시록 21:22 참조).

교회를 포함한 현실의 공동체들은 기존의 사회적 관계를 뛰어넘으려는 대안으로서 의미를 지닌다. 말하자면 기존의 사회적 관계와 병립하는 대안으로서 공동체가 있다. 그 공동체는 항구적 실체가 아니고 기존의 사회적 관계가 존립하는 범위 내에서 잠정적 몫을 지닌다. 이 사실은 달리 말하면 공동체를 구성하는 개인들이 아직은 전적으로 자율적인 주체가 아니라는 사실을 말한다. 주체화란 하나의 과정으로서의 의미를 지닐 뿐이다. 기존의 사회적 관계가 철거되지 않은 상황에서 각 개인들은 모순적인 존재로서 이중성을 지니고 있다. 현실 사회관계 안에서 공동체란 그와 같이 불완전한 개인들의 결사이다.

　바로 이 점이 공동체 안에 어떤 외적 권위가 개입할 근거가 된다. 개인의 자율적 의지로만 이루어질 수 없는 그 현실이 그것을 보완하는 어떤 권위를 필요로 하는 것이다. 제도적 형식의 정당성은 바로 이 점에서 제한된 의미를 지닌다. 모순적 존재로서 그 모순을 뛰어넘으려는 대안을 추구하는 주체들의 결합을 보완해 주는 차원에서만 권위가 정당성을 지닐 수 있다는 뜻이다. 그 권위는 엄격하게 공동체를 구성하는 각 개인들로부터 위임된 범위 안에 제한된 권위일 뿐이다.

　그 범위를 넘어 권위 자체가 외적인 실체가 되고, 다시 그것에 복종하는 것을 당연시하는 교회 구조가 강고하게 자리하고 있고, 다시 그 안에서 교회의 구성원들이 힘을 향한 욕망을 키워 나가는 현실에서 그 대안을 꿈꾸는 것은 불완전하다. 그러나 불완전할지언정 끊임없는 대안의 추구는 궁극적인 대안에 이르는 여정으로서 충분히 가치 있고 의미 있는 일이다. 오늘 권력을 향한 욕망의 질주를 하는 한국 기독교의 현실에서 그 대안의 시도들은 곳곳에서 이루어지고 있다.

〈더 참고할 만한 책들〉

강인철,『한국의 개신교와 반공주의 - 보수적 개신교의 정치적 행동주의 탐구』,
　　　중심, 2006.
─────,「한국 개신교교회의 정치사회적 성격에 관한 연구: 1945~1960」, 서울
　　　대학교 대학원 사회학과 박사학위논문, 1994.
김경재 외,『무례한 복음 - 한국 기독교의 선교, 그 문제와 대안을 성찰한다』,
　　　산책자, 2007.
김흥수,「한국전쟁의 충격과 기독교회의 기복신앙 확산에 관한 연구」, 서울대학
　　　교 대학원 종교학과 박사학위논문, 1998.
류대영,『한국 근현대사와 기독교』, 푸른역사, 2009.
정수복,『한국인의 문화적 문법 - 당연의 세계 낯설게 보기』, 생각의나무,
　　　2007.
정의와 평화를 위한 기독인 연대 엮음,『평신도, 성전을 헐다』, 한울, 2009.
최형묵,『한국 기독교와 권력의 길 - 그 내부에서 바라보며 대안을 찾는다』, 민
　　　예총문고 11, 로크미디어, 2009.
최형묵·백찬홍·김진호,『무례한 자들의 크리스마스 - 미국 복음주의를 모방한
　　　한국 기독교 보수주의, 그 역사와 정치적 욕망』, 평사리, 2007.

민중신학적 접근

사건의 신학과
새로운 교회의 토대

김경호

들꽃향린교회 목사,
예수살기 영성 교육위원장

*이 글은 심원 안병무 선생 제13주기 추모강연회(2009. 10. 18)에서 "지성소 사건과 갈릴리 예수의 공동체"라는 제목으로 발표하였던 글이다.

1. 들어가는 말

민중신학에 교회론이 없다는 것을 민중교회 목회자들이 비판해왔다. 이것은 자신들이 시작한 새로운 조직에 이론적인 뒷받침을 해달라는 요청이었다. 민중신학에서 교회에 대한 논의는 많은 편이다. 기성교회에 대한 이런저런 비판은 많이 제기되었지만 견고한 신학적 기반을 가진 기성교회의 교회론에 대비될 만한 체계가 없다는 말이기도 하다. 이것은 민중신학이 무슨 논(論)이나 체계를 밝히는 것보다는 이야기 형식으로 풀어가기 때문이기도 하지만 그보다 근본적으로 성부, 성자, 성령의 실체나 존재로 신학하는 것이 아니라 변화하고 생성하는 사건으로 신학하는 것이기에, 그것을 신학적 체계로 세운다는 것이 불가능하기도 했다.

민중목회자들의 이러한 요청은 나아가 이미 새로 시작된 '민중교회' 또는 '민중신학을 토대로 한 교회'[1]들에게 비판을 넘어 대안적이고 구체적인 그림을 그려달라는 것이었다. 그러나 '교회론'이 이론적으로 디자인하듯 나오는 것이 아니고 목회의 실천과 호흡하면서 나와야 하고, 실험과 검증을 요구하는 분야이기에 가장 재촉을 받지만 구체적으로 그림을 내놓지 못하는 분야이기도 했다.

이제까지의 교회론의 전제는 "예수를 그리스도로 고백"하는 토대 위에 세워져 있다. 이 고백은 크리스천으로 입문하는 세례식과 직분자들이 임직을 받을 때, 반드시 서약을 받아야 하는 조건이었다. 이 고백은 교회의 모든 예식과 예배에 기초가 되는 신학적 전제이다. 교회는 예수를 그리스도로 고백하는 사람들의 모임이며, 선교는 예수를 그리스도로 고백하는 사람들을 확장해 나가는 것이다. 이러한 고백은 예수를 인격으로 보는 토대 위에 세워지고 교회는 그러한 고백이 땅 끝까지 전파되게 하는 주체로 인식되었다.

그러나 안병무는 예수를 새롭게 본다. 예수를 인격으로 보지 않고 사건으로 본다. 이것은 신학과 교회론의 기초가 달라지는 것이다. 민중신학이 교회에 대해 날카롭게 비판을 해왔지만 교회는 바뀌지 않는다. 기본 전제, 토대가 다르기 때문이다.

그래서 이 글의 전반부에서는 예수를 사건으로 보는 신학, 특

---

1) 김경호, 「민중신학에 토대한 교회」, 『시대와 민중신학』 제2호(1995/봄), 39-54.

히 일반 사건과 구별되는 안병무 신학의 독특한 사건개념인 '지성소 사건'에 대해서, 후반부에서는 예수를 사건으로 보는 안병무 신학의 전제 위에 교회 이야기를 풀어보려고 한다.

2. 지성소 사건

예수는 사건이다

안병무는 예수를 인격으로 파악하는 데서 서양의 역사적 예수 연구가 벽에 부딪혔다고 보았다. 안병무는 예수를 사건으로 파악한다. 이것은 안병무 신학의 토대이기도 하며 민중신학의 토대가 되는 개념이다.

그들(서양사람들)은 모든 것—신도 예수도 성령도—을 '인격' (persona)으로 파악했기 때문입니다. 그들은 "예수가 누구냐?" 하고 '누구냐' 만 물어요. 그래서 예수도 "어떤 어떤 인격이다"라는 답을 얻고, 거기에 안주하고 말아요. 그러나 나는 그게 아니라고 생각했어요. "예수는 하나의 사건이다!" "하나님도 사건이다!" 나는 이것을 깨달았던 것입니다. 예수를 인격으로 본 것은 틀렸다. 잘못 본 것이다! 이 깨달음이 내 신학적인 전환점이었습니다. '사건'이지 왜 '인격'이냐? 2천 년 전에 팔레스틴 갈릴리에 살았던 예수 개인이 무슨 의미가 있느냐? 사건이 중요하지… '사건으로서의 예수' 이것이 고리가 되어 나의 역사적 예수의 추구는 민중신학으로 연결된 것입니다. 2)

서양 신학의 역사는 예수를 신으로 보느냐? 인간으로 보느냐? 성부와 성자는 동일본질이냐? 유사본질이냐? 나아가 성령은 성부, 성자와 어떤 관계를 가지느냐? 삼위일체로 보느냐? 하는 싸움을 계속하였다. 예수를 어떤 존재로 보느냐는 싸움은 그치지 않았다. 단지 말과 논쟁으로 싸우는 것이 아니라 실제로 추방, 귀향, 숙청이 이어졌고 급기야는 주장을 달리하는 무리들이 서로 다른 종족을 부추기어 민족끼리 피비린내 나는 전쟁을 치르기도 하였다. 3)

물론 그들의 이러한 행동 뒤에는 각자 서로 다른 정치적인 이

---

2) 안병무, 『민중신학 이야기』(서울: 한국신학연구소, 1990), 25-26.
3) 예수의 인성을 강조하는 아리우스주의는 북방의 게르만족 등 이민족들이 지지하였고 비시고트족, 롬바르드족, 반달족 등이 자기들이 멸시받던 야만족에서 벗어나고자 하는 의도로 아리우스주의를 내세워 싸움에 가담했다. 그들은 결국 아리우스주의를 포기했지만 이탈리아의 동고트족과 아프리카의 반달족 같은 경우는 아리우스주의를 받아들인 것이 민족 멸망의 원인 중에 하나로 판명되었다. F. J. Foakes, Jackson, "Arius, Arianism" *Encyclopedia of Religion and Ethics*「아리우스주의」, 『기독교 대백과사전 10』, 931-932.

해관계가 도사리고 있었다. 이러한 싸움은 451년의 칼케돈 신조에서 애매한 절충[4]이 이루어졌지만 그 후에도 싸움은 계속되었다.

안병무가 예수를 인격(persona)으로 보기를 거부하는 것은 인격을 강조하면 집단성은 의미가 없어지기 때문이다. 신을 인격화하고 상(像)을 만들면, 그 순간부터 그 존재는 부자유해진다. 하나님이 상이 되면 하나님은 체포돼서 성전에도 갇히게 되고 사람과의 관계도 차단된다. 여기에 있으면 저기에는 없고, 저기 있으면 여기에 없는 관계가 되기 때문이다. 이 차단된 것을 교류시키기 위해서 성령이라는 발상이 생겼는데, 이 성령을 또 인격, 상으로 만들어버렸다. 성령을 인격화해서 삼위일체니 뭐니 하는 것을 만들어버리니 성령도 결국 시간과 공간의 포로가 될 수밖에 없게 되었고 오늘에 현재한 신, 해방사건 속에 현존하는 신을 결국 성전에 가둠으로써 신을 사실상 자기 마음대로 유폐시키고 독점할 수 있게 되었다. 신을 인격이라는 틀로 보는 것이 바로 신을 감옥에 가두는 역할을 하게 된 것이다.[5]

---

4) "그는 신성(神性)에 있어서 완전하시며 인성(人性)에 있어서도 완전하시고 … 두성에 있어서 혼동 없이, 변화 없이, 분할 없이, 분리 없이… 성들의 구별은 그 연합에 의해 결코 제거되지 않고 오히려 각 성의 특성이 보존되고 한 인격과 한 실존(位) 안에서 동시에 발생하므로 두 인격으로 나뉘거나 분리되지 않고 유일하신 아들이시요 독생자, 말씀이신 하나님, 주 예수 그리스도이시니…."

사건의 의미, 사건의 신학

우리가 성서를 읽는 것은 하나님이나 예수가 가진 위격, 존재, 속성 등을 보려는 것이 아니다. 우리는 하나님께서 일으키신 해방사건, 예수께서 그 주변의 사람들과 더불어 일으키신 구원사건, 교회를 통해서 무슨 일들이 일어났는가 하는 것이다. 그러나 신학의 역사는 이렇게 생동하는 기쁜 소식(Good News)을 외면하고 오랫동안 너무나도 사변적이고 관념적인 물음들에 목숨을 걸어왔다. 그렇게 함으로 죽어버린 언어들은 더 이상 복음(Good News)이 되기를 거부했다.

심광섭은 질 들뢰즈의 사건에 대한 사상을 소개한다.

플라톤에서 출발하는 서양의 주류 철학은 사건을 사유의 대상으로 삼지 않고 사물이나 실체, 성질 같은 것을 사유의 대상으로 삼아왔다. 사건은 그것이 발생하는 순간에만 존재하고, 곧 존재하지 않게 되기 때문이다. 전통 철학에서 사건이란 아주 덧없는 것, 가치 없는 것, 따라서 무의미한 것이었다. 서양 철학의 주류는 기본적으로 무상한 것이 아니라 영원한 것, 변하

---

5) 안병무, 「민중신학의 회고와 전망」(http://www.theology.co.kr/).

는 것이 아니라 항상 불변하는 것을 찾았다. 바로 그런 이유로 서양 철학자들이 줄기차게 물어왔던 유일한 대상은 곧 변하지 않는 존재자의 실체에 대한 물음이다. 그러나 존재는 변화와 생성이며, 생명은 변화하는 사건의 지속과 우연한 창발로 구성된다.[6)

우리가 야구장에 나가서 볼 수 있는 것은 공, 야구 글러브, 방망이, 야구 선수, 관중, 심판 등이 있다. 이렇게 형상을 중심으로 보는 것은 명사적 세계 보기이다. 명사적 세계 보기는 사물의 실체를 규명하려는 의도가 있고, 이와 유사한 형용사적 세계 보기는 사물의 속성을 파악하려는 의도가 있다. 플라톤으로부터 시작하는 서양의 철학은 이러한 입장을 취해왔다.

그러나 우리가 야구장에 나가는 것은 이러한 공이나 방망이를 보려고 나가는 것이 아니다. 선수들이 공을 치고 달려나가는 것, 글러브로 공을 받아내는 것 등, 운동을 보고 사건을 보려고 야구장에 나간다. 이것은 동사적 세계 보기이며 그렇게 세계를 볼 때 세계는 사건들의 총체가 된다. 세계는 'thing'의 연결고리가 아니라 'thing'과는 다른 비물체적인 'event'이다. 플라톤으로부터 시작하는 서양 주류의 철학에서 이러한 사건이나 운동은

---

6) 심광섭, 「질 들뢰즈와 사건의 신학」(http://www.theology.co.kr/).

이차적인 존재도 되지 못하는 것이다. 그것은 그림자, 허깨비, 환각, 곧 시뮬라크르(simulacre), 곧 판타스마에 불과했다. 그러나 들뢰즈에게서 실재는 존재의 극한, 존재의 표면에서 나타나는 새로운 존재방식으로서의 사건들이다.[7]

전통적인 철학이나 신학이 전체를 규정하고 규격화하고 하나의 사상적 틀 속에 정리하려는 모던한 사고라면 안병무의 사건은 포스트모던한 사고[8]로 그 사건이 나타날 때 그 단면 단면의 입장에 충실하게 세상을 보는 것이다. 아니 역사의 단면이라고 표현하는 것 자체가 오류이다. 그것은 역사를 시간의 총체적인 집합체로 파악할 때, 가능한 표현인데 사실은 허상이며 관념이다.

후설은 과거, 현재, 미래의 구분을 부정한다. 오직 '과거의 것에 관한 현재', '현재의 것에 관한 현재', '미래의 것에 관한 현재'가 있을 뿐이고 과거의 것에 관한 현재는 기억으로, 현재의 것에 관한 현재는 직관으로, 미래의 것에 관한 현재는 기대로 나타난다고 한다.[9]

역사라든가 모든 시간의 총체라는 것은 허상이다. 그것은 관

---

7) *Ibid.*
8) 순더마이어는 안병무의 사건을 포스트모던의 사고로 보았다. 테오 순더마이어, "삶과 증언으로서의 코이노니아," 『신학사상』 83집(1993/겨울), 11-12.
9) Gilles Deleuze & Felix Guattari, 『천개의 고원』, 김재인 역(서울: 새물결, 2001), 368.

념이며 오직 존재하는 것은 지금 현재, 여기서 발생하고 일어나는 것이다. 그것이 사건이다. 그것은 다른 세계, 다른 시간에 존재하는 것이 아니라 지금 일어나고 있음, 어떤 것이 일어나고 있는 것으로서 존재한다. 그것은 환희에 찬 사건이며 숭고함이다. 지금 무수한 일들이 일어나고 있다. 무언가 일어나고 있다는 것, 일어나고 있는 것이 존재해야 우리의 의식은 그것에 달려든다. 의식의 작용을 선행하는 그것은 단지 발생(occurrence) 또는 일어남(happening)이다. 이 순수한 발생, 또는 일어남으로서의 '사건'은 아직 규정되지 않은 단순한 것, 그것은 아직 일어난 것들이 형성한 망 아래에서, 곧 기존의 의미 체계나 준거 체계 내에서 특정한 의미로 규정되기 전에 무엇이다.[10]

이제 세계의 객관적 법칙을 규명하려들거나 결정적인 원칙을 찾아내려고 하는 것은 의미가 없다. 철학이나 신학적 사유의 대상도 자연스럽게 바뀌게 된다. 의미가 생성되는 포인트가 초월한 존재나 영원으로부터 오는 것이 아니라 바로 그 순간에 있다. 그 순간에 발생하는 사건만이 유일한 존재이다. 그러므로 "우리 앞에 무슨 일이 일어나는가?" 하는 것이 현대 이후에 철학이 사유하는 대상이다. 우리 앞에 일어나는 다양한 사건들이 서로 교

---

10) 배철영, 「뉴만과 리오타르: 숭고의 미학과 사건의 존재론」, 『관점 21』 제5호(2000/봄), 120.

차하면서 다채로운 세계를 만들어나간다.

지금 여기 존재하는 사건만이 유일한 존재이다. 그것은 전체를 규정하려고 하지 않으며, 규정되기 이전에 이미 발생한 존재이다. 그러기에 사건이 예수 이해의 중심이 되고 신학의 주제가 된다는 것은 전혀 새로운 신학함이다. 이제 신학적 사유의 대상은 초월해 있거나 변화하지 않는 본질이나 실체가 아니라 그야말로 변화 그 자체, 생성 그 자체이며, 시간 저편에 있는 것이 아니라 시간 속에 있으며, 지금 눈앞에서 일어나고 발생하고 있는 사건이 우리의 신학함의 대상이 되는 것이다. '예수가 사건이다', '하나님도 사건이다', '태초에 사건이 있었다'는 말은 전혀 새로운 신학의 문을 여는 화두이고, 명제이다.

지성소 사건

안병무의 예수 보기가 인격에서 사건으로 전환하면서 예수사건과 민중사건의 경계가 무너지고, 신학과 사회학의 경계가 무너지고, 교회와 현장의 경계가 무너지게 되었다. 여기에 위기감을 느끼는 신학자들과 목회자들도 다수 등장하였으며 그들은 자칫하면 안병무의 예수론은 예수 없는 가현설에 빠질 우려가 있으며, 거룩함이라는 영역이 상실되고 종교도 없고, 교회도 없게 된다고 우려한다.

그러나 필자는 안병무의 글 중에서 수직적 체험, 종교적 경험을 중시하는 용어들을 자주 발견한다. 특히 '지성소', '지성소 경험'이라는 표현은 대표적이다. 안병무의 지성소는 장소로서의 지성소가 아니고 하나님께서 뚫고 들어오시는 사건이다. 모세가 경험한 불붙는 가시덤불이라는 비일상적인 자연 현상을 통해서 하나님과 모세가 만난다. 그리고 앞으로 전개될 이스라엘의 해방의 역사에 대해 건네주고 받는 사건이 일어난다. 이 사건은 앞으로 이스라엘의 새 역사가 출발하는 일대 사건이다. 안병무도 지성소를 사건이라고 표현한다.

"모세는 누미노제적 황홀경, 또는 공포에 머물지 않았다. 그것은 결단과 동시적으로 일어난 사건이다. 그는 이 지성소에서… 이스라엘을 해방하기 위해 가라는 명령을 받았다. 바로 그런 명령을 받은 장소이기에 그것이 참 지성소이다. … 여기서 모세가 선 '거룩한 땅'의 특징이 뚜렷하게 드러난다. 하나님의 뜻, 역사적 상황의 인식, 그리고 모세의 결단이 하나가 되어 사건이 일어나게 한 것이다."[11]

필자는 그의 지성소 개념을 그의 사건 개념과 연결시키는 것

---

11) 안병무, 「지성소」, 『구원에 이르는 길』(천안: 한국신학연구소, 1997), 106.

은 지극히 자연스럽다고 생각해 '지성소 사건'이라고 표현하게 되었다.

안병무는 그의 지성소라는 글에서 루돌프 오토의『거룩한 것』(*Das Heilige*)에 대해서 소개한다.[12] 이 책이 나올 당시는 계몽주의의 여파로 이성, 합리주의가 판을 칠 때이다. 그때는 종교에서 말하는 '거룩한 것' 따위는 결국 미개(무지)한 눈에서 온 것이고, 종교의 핵심은 윤리적(이상적)인 교훈이라는 결론에 주저앉았을 때이다.

이에 대해 오토는 인간세계에는 윤리적이요 이상적인 것도 있으나 그것으로 포괄할 수 없는 엄연한 또 하나의 현실이 있는데 이것이 인간의 경험 속에 들어오면 그것은 절대적인 것이 된다. 오토는 이것을 누미노제(Numinose)라고 불렀다.

누미노제에는 두 가지가 있는데 하나는 아주 놀라운 사건으로 이성으로는 설명되지 않는 경이의 대상이다. 그것은 초자연적인 힘으로서 때로 공포의 대상 또는 진노를 나타낸다. 또 하나는 경탄의 대상이다. 이것은 인간을 황홀경에 넣고 모든 사물을 꿰뚫어 새롭게 보게 하므로 생의 의미를 전적으로 전환시킨다. 뿐만 아니라 새로운 방향 전환을 전개한다. 이런 것을 한마디로 하면 '거룩한 것'과의 만남이라는 것이다.

---

12) *Ibid.*, 100.

안병무는 이성 위주의 사고가 '거룩한 것'의 자리를 박탈하고 '세속화 신학'이라는 이름으로 당당하게 자리를 잡게 되었다고 한다. 인간이 성속을 구별하고 '성'이란 이름 밑에 특정한 공간과 시간을 구별했다. 이렇게 함으로써 일정한 종교계층의 특권을 보장하고, 그들의 허구성마저 뒷받침해주었다. 이런 현상을 제거하는 데 세속화 신학이 필요했다. 또 다른 이유는 하나님의 주권의 영역을 일정한 데만 제한함으로 역사와 세계의 주권자로서의 하나님을 상대화했고, 그 결과 이른바 속세는 하나님의 주권이 미치지 못하는 영역으로 버려지게 된다.[13)

그러나 이러한 정당성에도 불구하고 세속신학은 성서에 엄연히 존재하는 지성소적 요소를 폄하해버리고 상대주의의 함정에 빠져버렸다고 비판한다. 안병무는 오토의 '거룩한 것'을 '지성소'라는 용어로 새롭게 설명한다. 지성소란 후기 유대교에서 성전 안에 안치된 제단인데 이것은 거룩한 것의 상징에 불과하다. 예수는 사마리아 여인과의 대화에서 "이 산(그리심 산) 위에서도 예루살렘에서도 아닌 데서 너희가 아버지께 예배드릴 때가 올 것이며 참된 예배를 드리는 사람은 영과 진리로 아버지께 예배드릴 때가 오는데, 지금이 바로 그 때"(요한 4:21, 23)라고 한다. 이것은 지성소가 이미 공간적인 장소가 아님을 선언한 것이다.

---

13) *Ibid.*, 101.

지성소는 영과 진리가 현존하는 곳과 때이며, 그것은 일상성과 구별되는 장이다.14)

모세가 불붙는 가시덤불에서 하나님의 부르시는 음성을 들은 것은 호렙산이라는 곳이 구별된 공간이기 때문이 아니라 모세가 바로 그 자리에서 새로운 명령을 들은 사건이 일어났기에 그곳은 거룩하다. 그것은 동시에 그가 중대한 결단을 해야 할 장소 또는 순간을 가리킨다.

모세는 불붙는 가시덤불에서 누미노제의 경험과 더불어 중대한 명령을 받는다. "두려워 얼굴을 가리고 있는" 그에게 "너는 내 백성, 이스라엘 자손을 애굽에서 인도하여 내라"(출 3:10)는 명령을 듣는다. 모세는 누미노제의 황홀경, 또는 공포에 머물러 있지 않았다. 그것은 결단과 동시에 일어난 사건이다. 모세가 선 거룩한 땅, 모세의 지성소는 그 백성을 구하겠다는 그의 생애의 새로운 사건의 출발점이요, 결단의 자리이다.

모세의 경험 속에 이미 잠재해 있는 경험이 있다. 모세는 일찍이 자기 동족이 매 맞는 것을 보고 울분을 참지 못해 관리를 살해할 수밖에 없었다. 그는 거룩한 울분을 잠재워야 했다. 모세는 광야에서 평범한 가장의 생활을 접고, 불붙는 가시덤불의 사건을 통해서 전혀 새로운 사건에 자신의 몸을 던지는 결단을 하

---

14) *Ibid.*, 103-104.

게 된다. 바로 그것이 모세의 지성소이며 지성소 사건이다.

안병무 자신이 사건에 대해서 이렇게 설명한다.

성서가 말하는 사건이란… 평면적인 관계에서 필연적으로 일
어나는 사건을 말하는 것이 아니라 평면적인 것 속에 뚫고 들
어오는 수직적인 것을 말한다. 즉 평면적인 것에 수직적인 것
이 뚫고 들어와서 터지는 일이 사건이라고 성서는 생각한다.
예수 자신의 죽음도 평면적인 것으로 해석해버릴 수도 있다.
그러나 예수 자신은 "사람이 나를 죽이는구나" 하고 생각하지
않고 "하느님이 나를 버리셨구나" 하고 생각했다. 즉 하느님이
간섭해 들어오는 것으로 생각한 것이다. 그런 의미에서 사건이
다. 호리존탈(horizontal)한 것에 버티칼(vertical)한 것이 마주
치는 거기서 스파크가 일어난다. 이것이 사건이다.15)

후기의 안병무는 민중의 사건 속에서 예수사건을 본다. 그러
나 그의 수직적인 것은 수평적인 민중사건 속에 용해되고 녹아
들어가 그 속에서 불꽃을 일으킨다. 그것은 안병무가 화산맥이

---

15) 안병무, 「사건의 신학」, 『우리와 함께 하는 예수. 성서의 맥 2』(천안: 한국
    신학연구소, 1997), 221-222.

라고 표현한 예수사건, 하나님사건이 분출하는 현장이기도 하다. 그것을 역사적으로 크게 보면 사건이고 화산맥이지만 각 개인의 입장에서 보면 지성소 사건이다. 그것은 인간이 종교적인 결단을 하는 자리요, 하나님과 만나는 시간이다.

안병무는 자신의 '지성소' 개념을 루돌프 오토의 누미노제와 구별짓는다. 누미노제는 현실과 병행하는 이원론에 빠지는 것이며, 다시 성속의 담을 쌓는 것이다.[16] "단순한 누미노제는 지성소일 수 없다. 까닭은 그것은 개인의 영역을 벗어나지 않으며 주로 '감정'이라는 유동적인 것과 관련되기 때문이다. 누미노제는 비록 언어로 표현될 수 없는 숭고한 경험이지만 그것의 내용이 있어야 한다. 그것은 전 생애, 전 인격의 방향을 결정하는 것이어야 한다.[17] 오토의 누미노제가 단지 종교적인 영역에 있다면 안병무의 지성소는 그 종교적 체험이 역사의 삶으로 자신의 일상으로 다시 뚫고나오는 곳에 있다.

역사가 빠진 누미노제는 자기 황홀경에 취해 그저 공포 아니면 경탄에 잠몰될 뿐이다. 그런 사람은 세상을 외면하는 신비주의자이거나 나무에 불이 붙었으나 타지 않는 것을 본 것 같이 신비한 데 집착하여 청중을 자기가 경험했던 황홀경으로 유도할

---

16) 안병무, 「지성소」, 102.
17) *Ibid.*, 105.

뿐, 역사의 한복판으로 들어오지 않을 수 있다.

또한 안병무는 이렇게 말한다. "이른바 사회참여, 사회정의, 인권을 내세우는 그리스도인과 교회에 문제가 있다. 그것은 그런 것들이 바로 사회현상의 사회과학적인 관찰에서만 알고 배우려고 한다는 것이다. 따라서 모세 이야기에서 배울 중요한 것이 있다. 그것은 바로 '네가 서 있는 곳은 거룩한 땅이니 네 발에서 신을 벗어라'라는 말씀을 듣는 현실이다. 나는 이것을 '지성소의 경험'이라고 한다. 지성소! 내 발에서 신을 벗어야 하는 엄숙한 장소, 때! 이것은 어떤 경우에도 양보할 수 없고, 침범할 수도 없는 지고의 자리! 이런 절대의 경지가 있기 때문에 상대적인 것에 빠지지 않는다."[18]

안병무가 사건, 민중사건, 예수사건이라고 부르는 것들은 그냥 평범하고 간헐적인 사건을 의미하는 것이 아니라 우리의 전 존재를 거는 지성소 사건을 의미한다고 볼 수 있다.

안병무에 대한 비판들

안병무의 사건에 대한 개념은 전혀 새로운 세상 보기의 차원

---

18) 안병무, 「제가 무엇인데 감히(수도교회 30주년 기념예배, 1984)」, 『구걸하는 초월자』, 311-312.

이다. 사물을 규정하고 그 속성을 파고드는 명사적 세상 보기가 아니라 어떤 사건이 일어나느냐는 것을 보는 동사적 세상 보기이다. 이것은 사물을 보는 전혀 다른 차원이다.

안병무에 대한 비판 중에 눈에 뜨이는 몇 가지 비판들을 살펴보면 그러한 비판들은 주로 전통적인 신학을 수호하려거나 현실 교회의 목회를 중시하는 입장에서 나왔다. 이러한 비판들은 전통신학이 가지고 있는 존재론적 사고, 명사적 세상 보기로는 오히려 당연하다. 그러나 안병무의 신학은 도저히 그러한 틀로는 분석할 수 없는 사건의 신학, 동사적 세상 보기에서 연유한다. 이것은 차원이 다른 세상의 말이다.

순더마이어는 "지금은 민중교회 안에 일상성이, 습관적이고 평범한 일상생활의 문제가 대두되고 있는 것처럼 보인다."고 하며 "우리가 배워야 할 것은 일상성이다. 무엇이 일상성이며, 어떻게 일상성이 일상성을 초월하는 것을 통하여 자신의 권리를 획득하는지를 배워야 한다. 신학은 어떤 특수한 사건에 기초한 안개 속이 아니라 평범한 일상생활 속에까지 나아가야 한다."고 안병무의 신학을 비판한다.[19]

그러나 안병무의 사건, 그의 지성소 사건은 단지 일상성과 반

---

19) 테오 순더마이어, 「삶과 증언으로서의 코이노니아」, 25-26.

대되는 개념의 단속적이고 간헐적인 것이 아니다. 그것은 모든 일상성이 완전 정지될 수밖에 없는 결정적 사건이며, 일상적 궤도를 뒤덮는 것이다. 그것은 일상성 속에 스며들어 모든 일상성에 생명을 부여하고 일관된 연속성을 가능케 하는 원초적인 경험이며 힘이다. 사건은 모든 일상적 경험들의 근본에 있어 그것들을 움직이고 일상화해나가는 동력으로 전 생애, 전 인격의 방향을 결정하는 지성소 사건이다.

안병무의 신학이 예수를 사건으로 보는 시각은 필연적으로 예수를 집합적으로 본다. 예수사건이란 예수와 민중이 함께 일으킨 사건이다. 예수 혼자 일으킨 사건이 아니다. 여기서 서구신학의 중심주제인 예수는 구원의 주체이고 민중은 구원의 객체라는 '주객 이분법적 도식'은 탈피된다. 오늘의 사건 현장에서 민중은 구원받아야 할 대상이기도 하지만 스스로를 구원해야 할 구원의 주체이기도 하다. 이런 명제는 "민중 메시아론"으로 불렸다.

민중 메시아론은 몰트만을 비롯하여 민중신학을 하는 젊은 세대들에 의해서도 상당한 비판을 받았다. 특히 전통적 신학과 민중신학의 조화를 시도하는 입장에 있는 신학자와 민중교회 목회를 하는 일선 목회자들에게 가장 걸림돌이 되는 민중신학의 논리가 바로 민중 메시아론이었다. 위르겐 몰트만(J. Moltmann)은 안병무의 민중 메시아론에 대해서 다음과 같이 비판한다.

"가난한 사람들이 자발적으로 원하지 않는 가운데서, 그리고 그들의 의지에 역행하는 가운데서 당하는 억압과 착취의 수동적 고난이 구원의 의미를 가진다고 말할 수 있는가? 민중이 고난당하는 백성일 뿐 아니라, 그의 고난을 통하여 인류를 구원하는 하나님의 백성이라면, 그리스도론에 관한 질문들이 제기되며, 그 민중이 감당할 수 없는 과도한 것을 민중에게 요구하는 것이 아니냐 하는 문제가 제기된다. … 하나님의 고난당하는 종과 같이 민중이 세계를 구원해야 한다면, 민중을 구원할 이는 누구인가? 민중이 그의 고난을 통하여 스스로를 구원한다면, 이 고난 자체를 궁극적으로 극복하기 위하여 민중은 어떻게 투쟁할 수 있는가? 민중이 세계의 구원을 위하여 고난을 당하고자 하는지의 여부에 대하여 누가 민중에게 질문한 일이 있는가?"[20]

몰트만의 비판은 전통적인 존재론적 사고, 주객 이분법적 사고이다. 그에게 구원은 반드시 누가 누구에게 주어야 할 것이며, 구원을 주는 주체와 구원을 받는 대상은 명백하게 구별되어 있다.

당시 민중교회 목회를 하는 목회자들에게도 볼멘소리가 들려왔다. 이원돈은 민중신학자들이 민중을 너무 이상적 존재로 본

---

20) J. Moltmann, 「안병무의 민중 메시야론과 문제점」(www.theology.co.kr).

다며 민중이 가진 죄성도 함께 보아야 민중을 제대로 볼 수 있다면서 민중은 구원받을 대상임을 역설했다.[21]

　이어 민중신학자들 내부에서도 이러한 비판들이 터져 나왔다. 민중 메시아론에 대한 임태수, 박재순, 권진관 등의 비판이 이어졌다.[22] 송기득은 이런 비판들에 대해 민중 메시아론은 존재론적인 이야기가 아니라 윤리적, 기능적인 면에서 메시아의 역할을 한다는 말이라고 명백하게 정리했다.

> "그것은 민중이 곧 예수라는 말이 아니고, 민중이 예수가 했던 메시아의 구실을 한다는 말이다. … 오늘날 우리의 역사를 담당하고 역사 변혁을 추동하는 것은 온통 민중의 몫이며, 민중의 역할이다. 이런 뜻에서 오늘의 메시아는 민중인 것이다. 오늘날에는 예수가 했던 메시아의 구실을 민중이 대신한 셈이다. 이런 뜻이라면 '민중은 예수다'라는 명제를 무리 없이 받아들일 수 있다."[23]

　'존재론적 신학'은 주체가 되는 '존재 이해'로부터 시작한다.

---

21) 이원돈, 「권진관 교수 발제에 대한 논찬 글」, 『민중은 메시아인가』(서울: 민중신학연구소, 1995), 51.
22) 민중신학연구소, 『민중은 메시아인가』(서울: 한울, 1995) 참조.
23) 송기득, 「민중메시아론」, 『신학사상』 96집(1997/봄), 199.

탁월한 존재 규명으로부터 출발하여 인간과 세계의 지평으로 기획 투사한다. 이것은 문법적으로는 명사적 세상 보기로 나타나며, 모든 세상을 한꺼번에 규정하고 정리하고 규격화하려는 사고이다. 모든 것의 최종 근거를 규명하고 모든 것을 개념으로 장악하려는 자세이다.

그러나 '사건의 신학'은 주객도식을 거부한다. 민중사건이 일어나는 그 현장에서 구원의 주체도, 구원의 객체도 서로 상생하고 일어나며 발생한다. 지성소 사건에서 야훼는 비로소 야훼로 자신을 계시하고 일하신다. 하나님은 비로소 하나님이 되며, 모세는 비로소 모세가 되고, 역사는 비로소 역사가 된다. 가시덤불은 불 속에서도 계속 자기의 모습을 소멸시키지 않고 가시덤불로 남아 사건의 전달자가 된다. 가시덤불은 비로소 가시덤불이 된다.

예수사건과 오늘의 민중사건은 바로 지성소 사건이다. 지성소 사건을 통해 수평적인 것에 수직적인 것이 뚫고 들어오고, 순간적인 사건 속에 불멸의 것이 일어난다. 지성소 사건을 통해 하나님의 존재가 탈은폐되어 나타나고, 드러내 보인다. 그러나 그것은 하나님께 자기를 맡기는 사람들 안에서만 드러난다. 그들로 인해, 비로소 하나님은 하나님으로 드러난다. 우리는 하나님께서 자신을 드러내는 조건 아래서 비로소 자신의 존재를 얻게 된다. 그 사건 아래서 비로소 새로운 자아가 생성된다. 지성소 사건 안에서 우리는 '자기 포기'나 '자기 초월'을 넘어서 '자기 생성'을 경험한다. 비로소 역사는 해석되지 않는 사건의 혼돈 속에서 자신의 방향을 잡아 흘러간다. 그것은 하나님과 그분께 자기를 맡긴 자녀들의 뜻을 이루어가며, 자연은 거기서 자기 존재를 충만하게 한다.

여기서 말하는 자연은 그 사건 자체를 있게 하는 사실(fact)이다. 박종철 사건으로 예를 들어 말하면, "탁하니 억하고 죽은 사건"이 팩트(자연)이다. 그것은 단지 의미 이전에 발생한 사건일 뿐이다. 이 사건이 지성소 사건이 되는 것은 여기에 천심(天心)이 동하고 인심(人心)이 동하여 역사가 방향을 잡아 마음을 얻게 될 때, 지성소 사건이 된다. 이 팩트로서의 사건(자연) 안에서 하나님과 인간이 손잡고 역사를 일으키기 때문이다. 이것은 인간의 자의와 처분권 밖에서 일어나 우리에게 다가오는 수동적 사건이기도 하고, 자기 결단으로 참여하는 능동적 사건이기도 하며, 우리의 눈앞에서 벌어지고 있는 거룩한 사건이며, 자기 결단의 사건이며, 역사의 주체로 서는 사건이기도 하다.

지성소 사건은 하나님, 인간, 역사, 자연의 네 주체가 비로소 자기 몫의 됨됨이를 찾으며 서로 일으키고 발생하며 하나로 어우러지는 사건이다. 네 주체를 동사적 표현으로 바꾸어보면 "일어나고(자연), 드러내고(하나님), 내맡기고(인간), 나아간다(역사)"이다. 이 네 가지 행위가 한 사건 안에서 서로 섞이고 뭉친다. 이

네 가지 주체 중 어느 하나라도 빠지면 지성소 사건은 일어나지 않는다. 지성소 사건 안에서는 이 네 주체가 누가 주체이고 객체인가를 따지지 않고 어우러진다. 주객의 틀 자체가 무너지기에 그렇게 설명할 필요가 없다. 게임의 규칙이 다르다. 단지 '지금 여기서 무슨 일이 일어나는가?' 하는 것이 중요할 뿐이다.

3. 갈릴리 예수의 공동체

일반적으로 교회의 출발 기점을 오순절 사건으로 본다. 안병무의 글 중에도 교회의 탄생, 발동을 오순절 성령강림 사건으로 설명하는 글도 있다.[24] 안병무의 글이 연대기적으로 발표되지 않아 그의 초기 사상과 후기 사상의 변화 추이를 점치기는 어려우나 필자는 글의 강조점으로 보아 초기의 글로 판단한다. 그러나 후기에 안병무는 교회의 출발점을 오순절 사건에서 훨씬 소급하여 갈릴리에서부터 예수와 함께했던 민중으로 본다. 안병무는 "예수는 그리스도시다."라는 고백에 기초해서 신조화, 교리화, 교권화, 사크라멘트화(성례전화)되어 있는 예루살렘 교회에

---

24) 안병무, 「교회란 무엇인가」, 『구원에 이르는 길』(천안: 한국신학연구소, 1997), 362-363.

대하여 마가복음이 엄중하게 비판하고 있는 것에 주목한다. 이것은 갈릴리 민중 공동체가 제자들의 사도권을 중심한 예루살렘 교회를 비판적으로 보았다는 것을 말한다. 여기서 안병무는 교회의 출발점을, 교회라는 이름으로 조직된 실체로 보기 이전에 예수가 민중과 함께했던 만남, 그들이 일으킨 해방의 사건으로 소급했다. 안병무의 독특한 교회론은 교회를 '제도'나 '조직'으로 보지 않고 '현장'과 '사건'으로 본다. "예수와 민중이 만나는 현장", "민중과 예수와의 사이에서 일어난 사건" 속에서 교회의 원형을 찾는다.[25] 그런 토대 아래서 오늘의 교회에 대해서 이야기해보자.

교회 - 예수사건이 일어나는 곳

교회는 예수를 주로 고백하는 사람들의 모임이라기보다는 예수사건이 일어나는 곳이어야 한다. 이제까지의 교회론이 예수를 인격으로 보고 "예수는 그리스도라는 고백" 위에 세워진 것이라면, 민중신학이 제시하는 새로운 교회론은 예수를 사건으로 보고 "예수 사건이 일어나는 실천" 위에 세워져야 한다.

예수사건에서 출발한 교회는 당연히 오늘의 예수사건이 일어

---

25) 『민중신학 이야기』, 160.

나는 주체가 되어야 하며, 그 교회에 속한 개인은 오늘의 예수살기의 주체가 되어야 한다. 예수살기나 예수사건이 너무 거대한 과제처럼 보일지 모르겠으나 그것은 신앙인이 가야 하는 마땅한 길이다. 오늘 우리에게 아무런 방향도 보여주지 못하는 선언적 고백 뒤에 숨어서 실상은 자신의 삶 밖으로 예수를 내모는 잘못을 반복해서는 안 된다.

오늘의 예수사건이나 예수살기가 꼭 거대한 담론 속에서 이루어질 필요는 없다. 각자 교회가 속해 있는 지역사회와 각자 구성원이 속한 다양한 분야를 통해 민중의 해방사건에 참여하면 된다.

필자가 강남향린교회에서 목회를 하던 때, 선교지향적인 교회가 되기 위하여 교회 예산의 30% 이상을 선교비로 지출한다는 목표를 세웠다. 그러나 임대로 있는 개척교회에게 30%의 선교비는 도달할 수 없는 목표였다. 그러니 선교하는 교회가 되기 위해서는 그 전제로 양적 성장이 필수적인 요건이 되었다. 이런 논리의 사슬 속에서 한국 교회는 저마다 자기 확장과 성장 위주의 길로 갈 수밖에 없음을 실감했다. 그러나 '민중을 위한 교회'보다는 눈높이를 낮추어 '민중의 교회'를 지향하며, 그들의 삶 속으로 들어가기로 하였다. 송파구에 있는 비닐하우스 촌으로 들어가 꿈나무 학교를 운영하면서 그들의 입장에서니 그들을 억누르고 있는 잘못된 법과 정책, 지방자치단체의 관행이 보였고 그것들을 바로잡기 위해 주민과 연대하였다.

화훼마을의 화재사건을 계기로 주민과 긴밀한 연대가 이루어지고 공동투쟁, 주소지 찾기를 위한 행정소송을 제기하여 승소하였다. 이를 통해 송파구 내의 4개의 비닐하우스 촌 2000여 명의 주민들이 거주민등록을 할 수 있게 되었으며, 그에 따른 법적 권리를 찾게 되었다. 주민의 상당수가 기초생활대상자로 수급권자가 되고, 투표권을 찾고 마을로서의 집단의 권리를 행사할 수 있게 되었다. 숙원이던 상수도 개설, 우편 배달, 도로 포장 등을 서울시와 지방자치단체로부터 얻어냈다. 이것은 당시 교회가 가진 재화를 모두 투여한다고 하더라도, 그 열 배, 스무 배를 쏟아붓는다고 하더라도 감당할 수 없는 엄청난 일이었다. 여기서 교회가 가진 돈을 나누어주는 '자선적 선교', '시혜적 선교'를 넘어서서 법과 제도와 관행을 바꾸는 선교를 '해방적 선교'라고 이름을 붙였다. 이것은 깡통 만드는 기계가 고장 나서 찌그러진 깡통을 만들어낼 때, 하나하나의 깡통을 펴는 선교가 시혜적, 자선적 선교라면 그 기계 자체를 수리하는 것에 비유할 수 있는 것이 해방적 선교이다.

이는 한 지역사회에서 벌어진 일이지만 전체 빈민운동에 큰 영향을 미치는 사건이 되었다. 이를 판례로 마침내 2009년 여름, 비닐하우스 촌에 주소지 찾기가 대법원에서 완전 승소하는 결과를 가져오게 되었다. 재화를 가진 것은 국가나 지방자치단체 또는 기업이다. 그들이 민중의 생존과 인권을 위하여 자신의 권한을 올바로 사용하도록 만들어가는 일은 오히려 작은 단위의 교회가 덩치가 큰 기성교회보다 더욱 발 빠르게 행할 수 있는 민중사건, 예수사건이었다.

선교: 십자가 - 자기 초월, 자기 생성의 사건

교회는 하나님 나라의 도래라는 종말에 이를 때까지 중간시대를 살아가는 전략으로 선택된 곳이다. 그래서 교회는 그 나라가 완성될 때까지 경과적 조직이고, 과정 속에 있는 조직일 뿐이다. 교회는 하나님 나라를 위해 존재해야 한다. 교회가 하나님 나라를 대신하여 교회 자체를 궁극적 목적으로 삼아서도 안 되며, 자기 완결적 구조에 머물러도 안 된다.

교회는 스스로를 위해 있지 않고 세계를 위해 존재한다. 교회가 스스로를 위해 존재하며, 자기 조직이나 소유, 자기 울타리 안에 있는 청중의 숫자를 목표로 삼거나, 그것을 힘의 근원으로 삼기 위해 존재할 때, 교회는 교회로서의 가치를 상실한다. 교회 스스로 자기 완결적인 목표로 삼을 때 그 교회는 이미 예수와 상관없게 된다. 교회가 그 모인 울타리 안의 청중만을 위해 존재하고 자신만을 위해 봉사한다면, 아무리 복음화와 전도를 외쳐도 그 교회는 소멸될 수밖에 없다.26)

안병무의 신학에서 고난과 십자가는 역사 변혁의 방법론이기도 하며, 교회론으로 본다면 적극적인 선교론이기도 하다. 특히 민중운동은 그들이 힘이나 권세를 가진 것이 아니기에 그 운동의 방법은 십자가를 지는 운동일 수밖에 없다. 안병무는 예수공동체의 고백은 십자가라는 한마디로 집약된다고 한다.27)

예수의 십자가 사건이 다른 사람을 위하여 자신을 내어준 사건이듯이, 하나님께 부름 받은 개인이나 교회는 이웃을 위해 자신을 내주는 자기 초월의 역사가 이루어져야 한다. 따라서 교회의 선교는 자기 성장이나 자기 발전적 전략을 연구하지 않는다. 오히려 안병무의 선교론은 십자가 사건처럼 자기희생적 결단이 수립되고 실행되는 자기 소멸을 향한 것이며, 어떻게 십자가를 질까를 목표로 삼는 것이어야 한다. 교회가 가진 자원과 역량을 가지고, 그 교회가 속한 지역사회와 민족공동체, 나아가 전 세계적 민중과 연대하여 가장 의미 있는 자리에서 가장 뜻 깊게 십자가를 지는 방법을 연구하는 교회의 자기 초월이 이루어져야 한다. 지나간 과거를 기준으로 보면 '자기 포기' 또는 '자기 초월'이지만 지금 일어나고 있는 현재나 미래의 기준에서 보면 새로

---

26) 김경호, 「갈릴리 예수의 얼굴을 그리는 교회 – 안병무의 교회론」, 『교회로 간 민중신학』(서울: 만우와 장공, 2006), 94.
27) 안병무, 「예수 공동체의 신앙고백(성남 주민교회, 1987. 2. 24)」, 『기독교의 개혁을 위한 신학』(천안: 한국신학연구소, 1999), 628.

운 '자기 생성'이고, '거듭남'이다. 그런 면에서 개인이나 교회의 자기 초월적 선교는 새로운 자기 생성으로 나아가는 것이며 이것은 십자가사건과 부활사건이 동전의 양면을 이루듯이 동시에 일어나는 자기 결단과 하나님의 은총이 만나는 사건이기도 하다.

이렇듯 십자가를 지고 자기 초월을 이루는 개인이나 교회는 그 당시에는 쓰라린 고통을 겪지만, 오히려 새롭게 자기 생성이 이루어지는 것을 경험하게 된다. 교회는 새로운 사건의 창조자, 형성자, 담지자가 되고, 비로소 교회가 새로운 해방사건의 증언자가 될 것이다. 그러한 개인이나 교회가 행한 선교의 열매와 결과는 먼 역사의 몫이며 하나님의 몫이다.

교회가 일정한 크기가 되었을 때 분가선교하는 것도 교회의 자기 초월의 한 방법이 될 것이다. 강남향린교회는 향린교회에서 분가한 교회이며, 들꽃향린교회는 강남향린교회에서 분가한 교회이다. 분가한 교회는 각각 성장하여 세 교회가 '향린공동체협의회'를 통하여 매년 연합예배, 현장예배, 공동의 사회참여, 목회자 교육 등을 함께 실시하고 있어 한국 교회 갱신의 중요한 역할을 수행하고 있다. 이러한 사례는 교회의 진정한 선교는 오히려 자기 초월 사건을 통해서 이루어질 수 있다는 역설적 결과의 실증이다. 십자가에서 부활로 나아가는 '교회의 예수 따르기'이다.

증언: 사건과 자신의 일치

교회는 복음을 증언한다. 복음을 'Good News'라고 하는 것은 '사건'이라는 것이다. 사건이 되지 않으면 소식이 되지 못한다. "예수는 그리스도이시다."라는 고백을 신조로 만들어 반복하는 것은 새로운 뉴스가 될 수 없다. "예수는 그리스도이시다."라는 불변의 신조는 복음서가 쓰인 당시에 예수를 알고 있는 사람들에게는 뉴스가 될지 몰라도 오늘 우리들에게는 더 이상 뉴스가 아니다. "김 아무개가 착한 사람이다."라는 명제는 김 아무개를 알고 있는 사람에게는 뉴스가 되지만 그를 모르는 사람에게는 아무런 의미가 없는 말이다. 그러나 그가 무슨 일을 했고 그 일이 매우 의미 있는 일이라면 이것은 모든 사람에게 의미 있는 증언이 된다.

세례 요한이 예수에게 제자들을 보내 "오실 그분이 당신이십니까? 그렇지 않으면, 우리가 다른 분을 기다려야 합니까?" 하고 물어보았다. 이에 대해 예수께서 그들에게 말씀하신다.

"가서, 너희가 보고 들은 것을 요한에게 알려라. 눈먼 사람이 보고, 다리 서는 사람이 걷고, 나병 환자가 깨끗해지고, 귀먹은 사람이 듣고, 죽은 사람이 살아나고, 가난한 사람이 복음을 듣는다. 나에게 의심을 품지 않는 사람은 복이 있다."(누가 7:22-23)

그가 누구냐는 인격을 묻는 질문에 대해 예수는 자신이 한 일, 사건으로 답한다. 그는 자신의 정체성을 밝힐 때 사건으로 말한다(참조, 누가 4:18).

교회는 지금 일어나고 있는 예수사건의 증언자가 되어야 한다. 교회가 오늘의 민중사건을 일으키는 주체나 중심이 되는 것은 의도해서 되는 것도 아니고 임의로 만들어가기도 힘든 것이다. 가령 전태일 사건이나 오늘의 용산 참사와 같은 사건의 주체가 되라고 하기는 힘들다. 그만큼 교회의 자기 초월의 폭이 커지기 전에는 힘든 일이며, 누구나 행복을 추구하고 싶은 개인에게 너무나 가혹한 일이다. 그런 사건을 당하기는 할지라도, 예수 아니라면 제 발로 찾아들어가기는 힘들지 않겠는가? 그러나 지금 일어나고 있는 민중사건의 증언자가 되는 것은 얼마든지 가능한 일이다. 증언한다는 것은 그 사건과 자신을 일치시키는 것이다. 일치시키면 사건이 일어나고 그 사건 속에 그리스도가 현존하게 된다.28)

"촛불을 켜는 그리스도인들" 일명 '촛불교회'가 작년도 민중의 거센 저항으로 표출되었던 촛불정국 속에서 민(民)의 대변자 역할을 감당하였다. 매번 거리 집회를 열어주는 역할을 감당하다가 목회자 10명과 평신도 10명이 한꺼번에 연행되어 유치장

---

28) *Ibid.*, 628.

신세를 지기도 했다. 그러나 겨울이 되면서 촛불이 사라지게 되었다. 민중 저항의 상징처럼 된 촛불을 이어가기 위해 2009년 2월부터 매주 목요일 민중이 고난받는 사건 현장에서 현장예배를 드리게 되었다. 지금 2년 정도 매주 촛불이 가장 아픈 고난의 현장에서 이어지고 있는 것은 아직 한국 교회에 희망이 있다는 것을 보여준다. 그동안의 예배는 용산 참사 현장, 순천향병원, 기륭전자, 재능교육, 쌍용차, MBC 노조, 국회 앞, 시청 앞 등등에서 진행했다. 이 예배는 안병무의 새로운 교회론을 구현해나가는 현장이다. 필자가 초안한 '촛불을 켜는 그리스도인들'의 창립선언문은 다음과 같이 밝힌다.

"최초의 천막성전은 이스라엘 민족이 이동하는 대로 따라 움직이는 현장 중심의 성전이었고, 야훼의 법궤는 전쟁과 민족의 아픔이 있는 현장으로 이동해 다니는 하나님의 현존의 상징이었습니다. 초대교회의 출발점 역시 '예수와 민중이 만나는 현장'(안병무)이라고 하였습니다. 교회가 이 현장성을 회복하지 못하고 단지 조직된 교회로 자신들의 안락한 예배 공간 안에서만 머물러 있다면 이들은 하나님 없는 예배와 우상의 교회를 섬기는 것입니다. 우리는 고통받는 민중 가운데 계시는 하나님을 만나러 들판으로 현장으로 나아갈 것입니다. … 기독교가 현장으로 나와서 민중들이 아픔을 겪는 자리에 함께 하여야 합니다. 이에 '촛불을 켜는 그리스도인들'의 예배는 고난의 현장, 역사의 현장에 찾아가서 함께 하며 살아 역사하시는 하나님의 현존을 대하는 사건의 예배를 드리게 될 것입니다.

갈릴리 민중으로서 그들의 해방사건을 이끌어가셨던 예수는 민중사건, 오늘의 민중을 해방하는 사건으로 성육하신다. 안병무는 예수의 현재화를 말하면서 "예수가 민중 속으로 항구적으로 성육한다."고 한다.[29] 그의 성육은 존재로서 성육하는 것이 아니고 사건으로서 성육하는 것이다. 예수는 오늘의 민중이 해방되는 사건 안에 나타나시고 육화하신다. 교회는 오늘의 민중이 스스로를 해방하는 주체임을 자각하고 자신의 주인다운 자리에 설 수 있도록 민중을 위해, 민중과 함께 하며, 스스로 민중이 되어, 성실하게 오늘의 민중사건에 대해서 증언해야 한다.

신학: 민중사건의 전거(典據)

오늘의 민중사건은 예수사건의 전형 아래서 그 의미가 더욱 풍부해지고 자신의 해방을 지향하는 민중의식이 보다 분명하게

---

29) A. H. Richter, 「안병무의 사건 개념」, 『예수, 민중, 민족. 안병무 박사 고희 기념 논문집』(천안: 한국신학연구소, 1992), 766.

드러난다. 오늘의 사건이 의미를 갖게 되는 것은 이미 일어난 선험적 사건인 성서의 사건이 베풀어주는 장 속에 자신의 위치를 확보하고 자리 잡을 때이다.

오늘의 사건들은 발생하자마자 곧바로 무의미와 무관심의 허공 속으로 사라져버린다. 오늘의 사건은 너무 **빠르게** 회전되어 그 자체가 무의미한 허공 속으로 던져질 정도의 속도를 이미 획득하고 있다. 한 사건에 대한 이해를 채 하기도 전에 또 다른 사건이 일어나고 있다. 우리의 어떤 언어도 사건의 회전 속도를 감당하지 못한다.[30]

우리가 만들어낸 기술문명은 물질을 가공할 만한 속도로 회전시키고 있음에 틀림없다. 매일매일 우리에게 던져지는 사건들의 폭탄세례는 어떤 사건에도 놀라지 않을 정도로 우리를 무감각하게 만들었다. 이런 사건과 이벤트에 심각한 중독에 걸려 있는 대중은 더 이상 사건의 의미를 생각하지 않는다. 사건의 의미는 없고 사건들만이 난무한다.

오늘의 다양한 사건들이 이렇게 무의미와 소멸의 위기 속에 있지만 성서의 사건과 예수사건은 오늘의 사건들의 소멸 속도를 넘어서서 언제나 그 자리에 존재한다. 이 사건들은 이미 확고한 의미의 장(場)을 형성하고 각각의 사건들이 그 장(場) 안에서 자

---

30) 이진우, 『지상으로 내려온 철학』(서울: 푸른숲, 2000), 33.

리 잡도록 위치를 부여한다. 성서의 사건들은 오늘 일어나는 사건들의 해석에 영향을 미치며 의미를 부여한다. 이미 권위를 부여받은 예수사건과 성서의 사건은 오늘의 민중사건을 해석하고 생명력을 불어넣는 전거가 된다. 성서의 사건과 예수사건은 그를 예배하고 따르는 무리들이 존재하는 한 영원한 모형으로 오늘의 사건의 의미를 조명하며 그 사건이 전개될 방향을 제시한다. 그런 의미에서 오늘의 사건들은 단지 '사건의 의미'를 넘어 '사건의 신학'을 요청한다.

고백: 사건 속에 자기를 밀어넣기

오늘의 교회는 예수가 그리스도라는 고백 위에 서 있다. 세례를 받거나, 목사, 장로 등 직무를 맡아 임직하는 경우 예식에서 성부, 성자, 성령, 교회에 대한 개인의 신념을 고백하고 서약해야 한다. 이것은 각 교단의 헌법과 예식서에 엄격하게 규정되어 있다.

기독인이 되고 중요한 임직을 하는 관문에 개인의 신념을 고백하는 일이 전제 조건이다. 그러나 예수를 사건으로 본다면 예수의 인격을 무엇이라고 고백하는 것은 그리 중요한 일이 아니다. 결단하는 개인이 성부, 성자, 성령에 대한 관계를 무엇이라고 고백하느냐는 신도의 정체성, 임직 여부를 판단하는 기준이 될 수 없다. 그것은 명사적 사고이다. 동사적 사고를 하는 민중신학에서의 고백과 결단은 다른 모습을 가져야 한다. 개인이 예수사건에 참여하겠다는 결단, 적극적으로는 개인의 구체적인 상황에 맞추어 '나는 앞으로 어떤 예수사건에 주력하고 헌신하겠다.'는 결단이 고백의 자리를 대신해야 할 것이다.

어떤 사건 속에 자기를 밀어넣느냐가 개인의 결단이 되어야 한다. 밀어넣기는 하나의 선택을 강요한다. 밀어넣기가 요청될 때, 개인의 망설임이나 머뭇거림의 유혹들을 모두 물리쳐야 한다. 우리가 어떤 신념체계를 갖느냐가 아니라 예수의 제자로서 그의 삶과 사건에 자신을 밀어넣는 것이 요청된다. 우리가 진정한 제자가 되기 위하여 어느 한쪽을 선택하는 모험을 해야 한다. 그런 의미에서 세례식 또는 임직식 등을 현장예배로 끌고나와서 드리는 것도 새로운 의미를 부여하는 방법이다.

예배: 사건의 현재화

진정한 예배는 사건의 예배이며 역사의 현장, 고난의 현장에서 드려지는 예배이다. 성서시대의 예배는 하나님과 만났거나 하나님의 위대한 해방사건을 재현하고 기념하는 것이다.

시편에는 예배에 쓰였던 고백문들이 보존되어 있다. 시편에서 찬양하는 하나님의 업적은 대개 역사 안에서 하나님이 이스라엘 백성에게 행하신 사건들이다. 창조, 출애굽, 광야의 기적, 땅과 왕국을 주신 하나님을 찬양하는 것 등이다(특히 시편 136편은 그 전형을 보여준다). 예배 장소도 야곱이 천사를 만나 씨름한 곳, 하나님과 만나는 사건이 일어난 곳, 천사가 전염병 재앙을 멈추었다는 아라우나의 타작마당 등, 사건이 일어난 곳에 성전도 지었다. 그리고 그곳에서 하나님이 그들에게 행하신 역사적(정치적) 사건에 대하여 예배드렸다.

성서시대의 유명한 제의적 축제들 역시 하나님의 해방사건을 기념하는 절기들이다. 유월절, 장막절, 부림절은 직접 일어난 역사의 사건을 기념하는 절기이고 맥추절, 추수감사절 등도 인간에게 먹을거리를 제공해주시는 하나님의 사건에 대한 축제라고 볼 수 있다. 기독교 예배의 중심인 교회력(Lectionary)도 예수의 탄생, 현현, 수난, 부활, 성령 강림 등 예수사건을 중심으로 전개된다. 무릇 예배는 해방사건을 기리고, 나아가 오늘의 해방사건에 부름받는 예배가 되어야 한다.

예배는 하나님과 그의 백성들이 만나는 장이다. 그러므로 하나님의 해방사건, 예수 그리스도의 구원(해방)사건을 극으로, 이야기로, 상징으로, 즉 그들의 문화적 도구—시, 노래, 춤, 연주—를 통해 현재화하는 것이다. 거기서 예배 참여자들은 하나님의 임재를 맛보고 예수 그리스도의 현존을 느끼게 된다. 예배에서 지나간 성서의 이야기들이 반복되지만 단지 지나간 이야기들만은 아니다. 우리는 성서의 출애굽사건을 말하면서 동시에 우리의 출애굽을 생각하고, 예수 그리스도의 십자가를 말할 때도 우리의 십자가를 떠올리곤 한다.

우리가 지나간 성서의 해방사건을 재현하면서 미래에 우리들의 해방을 꿈꾸고, 동시에 우리가 해방을 지향하는 인격을 갖고, 오늘 우리의 해방사건으로 연결해나간다. 이러한 "해석학적인 순환"이 이루어지는 것이 바로 과거의 사건을 반복하는 예배가 갖는 기능이요 그 안에 오늘과 내일이 함께 들어 있는 신비이다. 이는 과거에 일어난 사건이 오늘 그와 유사한 사건들로 재현되어야 할 당위성과 필연성이다. 그것이 단지 지나간 과거의 이야기로만 되었을 때 우리는 지나간 화석을 예배하는 것이요, 기억과 관념으로만 해방을 즐기는 것이다. 예배를 통해서 우리의 삶 안에는 모든 것이 해석학적인 통합으로 나아간다.

또한 예배는 그 자체로 강력한 투쟁의 방법이기도 하다. 기독인은 예배로 말한다. 예배는 어느 장소, 어떤 시간에 드리느냐에 따라 때로는 가장 강력한 정치적 저항이 될 수 있다. 우리가 이 시대에 가장 고난받는 현장을 찾아가 예배하는 것은 우리가 사는 시대에 가장 절실한 예배가 될 것이며 이것은 가장 강력한 기독교적인 투쟁의 방법이 될 수 있기 때문이다.[31]

---

31) 「촛불을 켜는 그리스도인들 창립선언문」(2009. 2. 26).

직제: 평등한 제자도

"예수는 그리스도이시다."는 고백이 교회의 토대가 될 때, 그 고백의 진위를 가릴 절대적 권위를 가진 사람이 요청된다. 그는 '6개월간 더 학습하고 오라'든가 '이제 그만 하면 합격'이라는 것을 판단하는 절대적 권위를 행사하게 된다. 평상적으로 목사나 당회가 그런 권위를 가지며, 나아가서는 신도들 각자의 신앙 정도를 판단하고 그에 따라 교회의 직분을 수여하는 권위도 갖는다.

그러나 사건이 교회의 토대가 될 때, 어느 한 개인이 주체가 되기는 힘들다. 사건은 집단적이고 공동체적이다. 절대 권위자가 요청되는 것이 아니라 모두가 협력하고 손을 보태야 가능하다. 그러기 위해서는 사도권을 중심으로 직제화, 권위화, 서열화된 종래의 교회 조직을 넘어서야 한다. 필자는 평신도라는 말을 썩 좋아하지 않는다. 목사이건, 장로이건, 신도이건 모두가 예수를 따르고자 하는 제자들이다. 하지만, 현실적으로 통용되는 용어이기에 사용한다면, 평신도가 도구처럼 되고 한낱 목회의 대상이 된다면 역동적인 교회가 되기는 힘들다. 그들 모두가 자기 삶의 중심을 두고 흔쾌하게 주인으로 설 수 있는 교회가 되어야 한다.

향린교회는 20년 동안 목회자 없는 평신도 교회로 존재했다.

그러나 내부의 필요에 의해 목회자를 청빙하게 되었다. 지금은 목회자와 평신도가 협력하며 역할 분담을 잘 해나가는 모델이기도 하다. 최근 분가한 들꽃향린교회에서도 목사와 평신도 간에 다음과 같이 역할 분담이 이루어진다.

목회자는 가급적 오늘의 민중사건과 근거리를 유지하며 교회 공동체와 중계하는 역할, 교우들 개개인이 사건에 참여할 수 있도록 매개하는 역할을 감당한다. 평신도가 마음은 함께 하지만 생업으로 인해 일상에서 벌어지는 예수사건과 민중사건에 일일이 참여하기는 어렵기 때문이다. 또한 목회자는 오늘의 민중사건과 성서사건의 중계도 시도한다. 설교와 성서연구, 예배를 통해 오늘의 민중사건을 보는 시각을 넓히며, 회중과 함께 그 안에 있는 과제들을 발굴하여 대안을 찾는 지혜를 모아간다.

평신도는 교회의 살림살이와 회의 진행, 운영 일체를 맡는다. 교회의 각종 회의 소집과 의장의 역할을 평신도의 대표인 운영위원들이 맡는다. 다른 직제는 아직 채용하지 않고 있어 교회 내의 호칭은 모두가 님으로 통한다. 두 살짜리 어린이도 아무개님이고 목사도 아무개님이다. 최근 신학생들의 안수를 위해 장로를 선출하였다. 장로는 외적으로는 교회를 대표하고 내적으로는 6년 임기의 운영위원의 역할을 수행한다. 다른 운영위원은 2년 임기이다. 이것은 평신도 교회와 목회자 교회의 장점을 취한 제3의 모델이다.

목회자들이 독점하였던 강단은 모두에게 열려 있고 평신도도 설교에 참여한다. 성례전에서도 향린공동체가 함께 하고 있는 예식문은 만인사제론에 근거하고 있다. 평상적으로 목사가 선포하는 부분은 오히려 신도들이 선포하고, 목사는 진행의 사이사이 연결을 시도하는 역할을 감당한다. 교회는 평신도가 자기 소리를 말할 수 있는 제도와 분위기를 만들고 권위적 구조를 없애야 한다.

4. 나가는 말

안병무는 현실 교회에 대해 비판적이었으나, 실제 그는 교회에 대해 많은 애정을 쏟았다. 향린교회와 한백교회를 설립하고 강남향린교회도 필자와 공동설립자가 되어 시작하였다. 그때는 건강이 좋지 않을 때였으나 초기에 한 달에 한 번씩 강단을 맡아 주셨다.

안병무에게 바람직한 교회관이란 개인이 이룰 수 없는 것을 교회가 이루어가는 것이다. 개인이 좋은 뜻을 가져도 그가 가진 조건이 허락하지 않고, 개인의 상황이나 의지, 능력으로 접을 수밖에 없는 일들을 교회가 할 수 있다는 것이다. 교회는 거룩한 무리들이 모이는 집단이고, 집단의 인격을 갖는 공동체이기 때문에 개인으로서는 엄두도 내기 어려운 역사의 몫을 집단의 인격, 집단의 의지, 집단의 실행으로 할 수 있다. 의로운 마음을 가진 개인들이 자기 삶에서 이루지 못한 콤플렉스를 동기로 삼아 새로운 교회의 선교를 만들어낼 수 있다고 교회에 대한 적극적인 역할을 제시하고 있다.[32]

이 글의 전반부에는 그의 적극적인 교회론을 담을 수 있는 이론적 근거와 토대를 밝혔다. "예수는 사건이다."는 명제, 이를 동사적 표현으로 하면 "예수는 민중의 해방(구원) 사건을 일으킨다."는 명제는, 그가 쏟아내었던 이런저런 교회에 대한 비판 속에 숨어 있는 중심이며 또한 새로운 교회의 기본 전제이다. 그러나 그의 사건으로서의 교회론은 내용적으로 '지성소 사건'임을 보았다. 그리스도 고백 위에 서 있는 교회가 분명한 그리스도 중심성을 갖는 데 비해 민중신학의 '사건에 토대한 교회'는 신앙의 대상이 사라지고, 거룩하고 종교적인 영역이 사라져버렸다는 비판을 받아왔다. 그러나 안병무 신학에서 사건은 어떤 거룩함보다 더욱 거룩한 지성소 사건이다. 그의 지성소 사건은 하나님(예수), 인간, 자연, 역사가 함께 생성되고 일어나고 만나는 융합이 이루어진다. 이것은 민중사건을 종교의 영역 안에 제한하여 지

---

32) 안병무, 「현실과 이상 사이의 교회상」(향린청년, 1986 여름), 『기독교의 개혁을 위한 신학』, 618-619.

성소 사건으로 협소하게 하려는 것이 아니라 오늘 우리 가운데 벌어지고 있는 민중사건이 가지는 심오한 깊이를 말하는 것이요, 신앙인의 자기 결단으로 그 자리에 서는 것이다.

후반부는 "예수는 사건이다." "예수는 민중을 해방(구원)하신다."는 새로운 명제를 토대로 하여 교회 이야기를 풀어본 것이다. 이 교회 이야기는 현실의 교회 모습과 상당한 거리가 있어 다소 래디칼(radical)해 보일지 모르겠다. 그러나 여기 그린 교회 이야기는 하나의 명제를 토대로 하여 세운 단순히 이론적인 구상이 아니다. 향린, 강남향린, 들꽃향린으로 이어지는 필자의 목회 경험과 예수살기, 촛불교회, '촛불을 켜는 그리스도인들' 등의 기독교 사회운동 경험 속에서 실현되고 있는 이야기들이다. 이것은 현장의 교회론이고 현장의 보고이기도 하다. 결코 실천 불가능한 영역에 있는 과격한 교회의 모습이 아니다. 그렇게 나아가야 할, 그리고 우리의 사고를 보다 분명히 하기 위한 근본적인 교회의 이야기이다.

또한 이러한 경험이 특수하다고 생각하기 쉽다. 그러나 이것은 오히려 가장 보편적인 교회론이다. 보편성이란 모두가 받아들일 수 있는 합리성을 가지는 것이다. 우리의 경험 범위를 넘어서는 특수한 고백을 강요하는 것은 결코 보편적이지 않으며 기독교 선교에도 걸림돌이 되는 것이다.

민중신학을 주객도식으로 설명하는 것은 맞지 않는 틀이다.

그렇게 되면 결국 이단론에 빠지고 스스로 자신감을 가지지 못한다. 새 논리로 떳떳하게 새로운 신학의 틀을 말해야 한다. 그것은 과거의 무의미하고 강요된 틀에 식상해서 방황하는 사람들을 떳떳하게 새로운 신학, 새로운 운동, 새로운 교회로 초청할 수 있는 기회가 될 것이다. 이것은 아주 혁명적인 교회이다. 수많은 모순을 가진 채 그 늪에서 벗어나지 못하는 오늘의 교회는 쏟아지는 비판에 직면해 있으며 이미 쇠퇴해가고 있다. 새로운 교회의 출현 없이는 기독교가 존재키 어려운 상황으로 치닫고 있다. 이러한 시점에 안병무가 우리에게 던져주는 새로운 신학은 오늘의 교회가 새롭게 설 수 있는 그루터기이며 우리의 희망이다.

통일신학적 접근

한국 교회 반공 이데올로기 극복의 과제

허호익

대전신학대학교 교수, 조직신학

*이 글은 졸저『통일을 위한 기독교 신학의 모색 – 남남 및 남북 갈등과 통합적
통일신학』(서울: 동연, 2010), 17-110쪽을 요약 재정리한 것임을 밝힌다.

1. 머리말

한국 교회가 당면한 문제 중 하나는 이념적 갈등이다. 그동안 한국 교회는 분단 상황에서 벗어나기 위해 선도적인 통일운동과 통일담론을 제시해왔음에도 불구하고 최근에는 보수적인 교회 지도자들의 반공적 발언으로 인해 기독교가 반통일적인 세력으로 비판받고 있다. 한국 교회가 여전히 극복하지 못하고 있는 것이 반공이념이며, 반공을 주장하는 토대는 공산주의는 무신론이며 반종교적이라는 역사적 체험에 근거해 있다. 물론 초기의 공산주의 사상가들이 모두 무신론을 주장하였고, 초기의 공산혁명 과정에서 무자비한 종교 탄압을 자행한 것이 사실이다.

그러나 냉전시대가 종식된 후 공산국가인 러시아와 중국뿐 아니라 북한도 종교 정책이 급변하였다는 사실을 살펴보려고 한다. 그리고 마르크스주의가 무신론을 주장한 사상적 배경을 분석해보면 마르크스주의에 있어서 무신론은 본질적인 것이 아니라 시대적 요청이었다는 점을 논증하려고 한다.

기독교 자체는 좌파도 우파도 아니다. 좌우로 갈라선 한반도의 평화 통일을 위해서 한국 교회가 해야 할 우선적 과제는 원칙적 반공주의와 체험적 반공주의를 극복하고 좌파와 우파를 넘어서는 제3의 새로운 대안을 모색하는 것이다.

2. 한국 교회의 반공 이데올로기

우리나라에서 기독교와 공산주의가 유난히 적대적인 관계에 놓이게 된 것은 역사적인 원인이 있지만 처음부터 그러했던 것은 아니다. 해방 직후만 해도 북한 교회가 중심이 되어 기독교사회민주당 운동을 활발히 전개할 정도였다.[1] 그러나 "북한의 김일성 공산독재체제가 저지른 비인간적인 기독교 박해정책 아래서 한국 기독교인이 겪은 체험과 6 · 25사변을 통해 무신론적이며 유물론적인 공산주의 이데올로기가 기독교에 가한 적대의식의 체험"[2]들로 인해 한국 교회는 반공주의 일변도로 경직되었

---

1) 김양선, 『한국기독교 해방 십년사』(서울: 대한예수교장로회 종교교육부, 1956), 62-64. 한경직, 윤하영 목사가 중심이 된 기독교 사회민주당은 지방마다 교회를 중심으로 지부를 조직할 정도였다고 한다.
2) 김경재, "분단시대 기독교와 민족운동," 강만길 외 공저, 『민족주의와 기독교』(서울: 민중사, 1981), 103.

고 자본주의 이데올로기에 자신을 매몰시키고만 것이다.

김양선은 해방 후 한국 교회가 반공사상을 보급 확립한 것이 교회사에 남을 제일 중요한 "교회의 국가에 대한 봉사"라고 하였다. 그리고 "공산주의는 무신론이고 유물론이며, 반종교적이고 반기독교적이며, 공산주의는 폭력혁명과 독재를 하고 인간의 자유를 구속하며 세계를 뢰옥화(牢獄化)하기 때문에 공산당이 지배하면 한국은 소련의 지배를 받게 된다."3)는 것이 해방 직후 다수의 기독교인들이 공산주의를 배격한 논리적 배경이라고 한다.4)

당시의 많은 기독교 지도자들은 공산주의를 사탄으로 비유하고 미국 혹은 자유 진영을 십자군으로 비유하였다. 해방이 되자마자 '조선사회민주당'을 설립하였지만 그 뒤 공산주의자들로부터 박해를 받아 월남하였던 한경직은 1949년 공산주의를 붉은 용이요 괴물이라고 규정하였다.5) 따라서 기독교 반공주의는 기독교 전체가 냉전체제 안으로 자연스럽게 흡인되도록 하는 이데올로기적 매개체가 된 것이다.6) 6·25전쟁 당시 포로수용소에서 좌익분자가 우익수용소에 침투하기 위해 이용했던 방법은 독

---

3) 김양선, 『한국기독교해방십년사』, 132.
4) 김광수, 『한국기독교 재건사』(서울: 기독교문사, 1981), 189.
5) 한경직, "기독교와 공산주의," 『한경직 설교 전집 1』(서울: 한경직기념사업회, 2009), 99
6) 이만열, "한국기독교의 통일운동의 전개 과정," 남북나눔위원회 편, 『민족통일을 준비하는 그리스도인』(서울: 두란노, 1995), 19.

실한 기독교인 행세를 하는 것이며, 북진 당시 "국군이 기독교 신자라면 무조건 관대히 봐주었기 때문에 평양 거리에는 십자가가 그려진 완장을 차고 다니는 사람들이 아주 많았다."는 증언은 기독교인과 반공주의의 상관관계를 보여주는 사례라고 할 수 있다.[7]

남북의 6·25전쟁의 참혹함을 겪은 여파로 북한에서는 김일성을 정점으로 하는 전체주의 통치체계가 강화되어갔고, 반제·반미 이데올로기가 북한 주민들의 의식 속에 자리 잡게 되었다. 반면에 남한은 북한의 남침을 빌미로 군부의 지위상승을 가져왔고 5·16 이후 그들이 정치권력의 담당자가 되었으며 반공 이데올로기가 남한의 주민들의 사고를 지배하게 된 것이다. 남북 간의 이데올로기 경쟁이 강화되면서 남북한 양쪽 모두에서 지배세력에 도전하는 사회·정치세력을 체계적으로 차단하였다. 남한은 진보당 당수 조봉암을 공산주의자로 처형하였고, 북한은 박헌영 등 남로당(南勞黨) 간부들을 미제국주의자의 간첩이라는 죄목으로 숙청하고 이를 이념적으로 정당화시켰다.

이러한 냉전의 구조 속에 편입된 한국 교회 역시 반공이념의 틀에서 벗어나지 못했다. 세계기독교교회협의회(WCC) 제4차 총회(1968. 7. 4.-20, 웁살라)가 중공의 유엔 가입과 미국의 월남 전쟁 개입에 반대한 것이 알려지자 WCC가 용공적이라는 주장과

---

7) 강인철, 『한국의 개신교와 반공주의』(서울: 중심, 2006), 75.

함께 "한국 교회의 반공적인 의사를 대내외에 선포하고 세계 교회에 한국 교회의 결의를 제천명할 필요가 있다."[8]고 주장하였다.[9] 1970년대의 '도시산업선교'에 관한 논쟁에서도 용공 시비가 재현되어 도시산업선교 때문에 회사가 '도산'한다는 소문을 퍼뜨리고 산업선교 활동을 탄압하였다.

7·4공동선언(1972)이 명시적으로 '사상·이념·제도를 초월한 민족적 대단결'을 통일을 위한 3대원칙으로 삼아 반공주의와 북진통일을 포기하였다. 그러나 정권 안보 이데올로기 차원에서 한국 교회의 민주화운동이 용공으로 매도당하기도 하였다. 실제로 한국기독교교회협의회(KNCC)가 주최한 '기독교와 공산주의에 관한 심포지엄'(1981. 7. 9)에서 이러한 문제들이 제기되었다.[10]

1980년의 광주민주화운동 이후 전두환 신군부의 학살 만행의 책임을 따지기 위해 저지른 '부산 미문화원 방화사건'(1982. 3. 18) 이후 반미는 그 자체가 용공이거나 좌경으로 매도되었다. 그리고 1980년대에는 해방신학의 용공시비와 관련하여 신앙과 이데올로기에 관한 논쟁이 활발하게 진행되기도 하였다.

---

8) "근시안적 평화론을 배격한다 - WCC의 중공가입 지지 결의를 보고," 「크리스챤신문」 1968. 8. 3.
9) 정성한, 『한국기독교통일운동사』(서울: 그리심, 2003), 194, 195.
10) 같은 책, 262, 263.

한국기독교교회협의회는 1988년 2월 "민족의 통일과 평화에 대한 한국기독교선언"(88선언)을 채택하고 공산정권에 대한 적개심의 죄를 다음과 같이 고백하였다.

특히 남한의 그리스도인들은 반공 이데올로기를 종교적인 신념처럼 우상화하여 북한 공산정권을 적개시한 나머지 북한 동포들과 우리와 이념을 달리하는 동포들을 저주하기까지 하는 죄(요 13:14-15, 4:20-21)를 범했음을 고백한다.[11]

이 고백을 통해 한국 교회는 적대적 반공주의와의 결별을 공식적으로 선언한 것이다. 반공주의에 대한 이러한 결별선언이 보수적인 기독교인들의 눈에는 좌파 세력이 한국 교회의 핵심부를 장악한 것으로 보였을 것이다. 그리하여 보수적인 기독교 지도자들이 총 단결하여 1989년에 한국기독교총연합회를 출범시켰고 한국 교회의 보수와 진보의 갈등은 더욱 첨예화되었다.[12] 그러나 한편으로 "적어도 한국 개신교의 한 축에서 반공주의가 무너져내렸다. 개신교 반공주의는 이제 보수 그룹의 '전유물'이

---

11) "민족의 통일과 평화에 대한 한국기독교회선언(88선언)" 전문을 참조할 것.
12) "한국기독교총연합회 정관 전문," http://www.cck.or.kr.

되었다."는 것이 88선언에 대한 평가이다.13)

2001년 7-8월에 걸쳐 「월간조선」에서 개신교의 대표적인 지도자 58명을 대상으로 설문조사를 하면서, "김정일을 성경적으로 어떻게 보십니까?"라는 질문에 대해 50.9%(29명)가 "사탄의 제자이다"는 항목에 동의하였고, '김정일 정권'에 대해서는 "기독교의 적이다"는 항목에 67.9%(36명)가 동의하였다. 그리고 한국 교회가 해방 후 "지나친 반공 기독교의 입장에서 북한을 기독교의 적으로 간주하는 등 남북분단과 갈등의 심화에 한몫했다."는 점을 지적했다는 이유로 한국기독교교회협의회의 '한국기독교신학선언'(2000. 11)에 동의하지 않는다는 답변이 79.8%(42명)에 달했다.14) 북한의 지도자는 사탄이고 북한은 여전이 기독교의 적이라는 생각을 가지고 있으면서도 이러한 반공적 기독교가 남북 갈등에 영향을 끼치지 않았다고 보는 기독교 지도자가 이렇게 많다는 것이 놀라울 따름이다.

특히 노무현 정부 출범 이후 2003년 1월부터 친미 반공주의로 무장한 개신교 보수 세력들은 '반북 친미를 표방한 대규모 정치적 집회'를 10차례나 열어 자신들의 주장을 행동으로 표출시켜 남한 기독교 내의 이념 갈등을 더욱 부추기고 있는 실정이다.

---

13) 강인철, 『한국의 개신교와 반공주의』, 89.
14) 같은 책, 24 재인용.

1970년부터 1980년대까지 기독교 진보 세력들이 민주화를 위한 목요기도회로 모인 것을 '기도회 정치'(prayer meeting politics)라고 비판하던 기독교 보수 세력들이 본격적인 '친미 반북 정치 집회'를 주도하고 나선 것이다.[15]

그 여파로 우익 세력들이 결집한 뉴라이트 전국연합이 2005년 6월 30일 김진홍 목사가 중심이 되어 발족하였다. 이들은 한국이 좌파에 의해 총체적 위기에 처한 이유를 다음과 같이 설명한다.

> 과거 좌파 사상에 경도되었던 이들이 자유민주주의와 시장경제를 기본 가치로 하는 대한민국의 국정을 책임지게 되었는데도, 反시장, 反기업, 부에 대한 혐오와 결과적 평등, 反美, 親北 등 시대착오적인 좌파 가치와 완전히 결별하지 못한 채 대한민국을 편향된 방향으로 이끌고 있기 때문이다.[16]

그리고 2006년 6월 말에는 뉴라이트 전국연합 내 '기독교 뉴라이트'까지 결성되어 개신교 보수 세력의 정치세력화를 도모하

---

15) 같은 책, 26-27.
16) "왜 뉴(New)라이트인가? - 뉴라이트 운동의 출현 배경," www.newright.net

고 있다. 뉴라이트의 등장으로 한국기독교총연합회를 비롯한 보수적인 목사들은 더욱 큰 목소리를 내고 그들의 주장을 행동으로 표출하기도 하였으며, 노무현 대통령과 김정일 국방위원장의 제2차 남북정상회담(2007. 10 .4)을 실제로 반대하는 선언을 하기도 하였다.

한국기독교총연합회가 2007년 9월 21일 개최한 한 세미나에서 '북한과의 평화는 환상'이라는 주장이 제기되었다. "북한 주민을 흉악의 결박에서 풀어주고 핵무기를 폐기한다는 신뢰 가능하고 검증 가능한 보장이 없는 상태에서 추상적 평화선언을 하면 오히려 돌이킬 수 없는 화를 자초하게 될 것이다."17)고 경고했다. 이러한 현실에 대해 강인철은 지난 약 15년 간 한국 개신교의 가장 중요한 변화는 "보수와 진보의 수렴이 아니라, 보수 세력의 헤게모니 확장"이라고 분석하였다.18)

북핵 문제가 전면에 부각된 2003년 이후 한국 교회는 통일 문제에서 오히려 뒷걸음치는 모습을 보여주었다. 대형 교회 목회자들 중의 일부는 툭하면 반핵과 반북과 반김정일을 이슈로 서울시청 앞에서 정치 색깔이 짙은 대중 집회를 때로는 기독교 단

---

17) "국내외 목회자 70인 회의서, 북한과의 평화는 '환상'," 「뉴스앤조이」 2007. 9. 27.
18) 강인철, 『한국의 개신교와 반공주의』, 621.

독으로, 때로는 극우 보수 단체와 어울려서 개최했다. 이런 사태로 인해 그동안 보수와 진보 세력의 갈등은 더욱 심화되었다. 때를 같이 하여 반통일적인 정서를 조장하는 데에 일부 한국 교회의 보수적인 목사들의 설교와 활동이 작용했다는 분석도 제기되었다. 한국 교회의 일부 지도자들도 과격한 반통일적인 설교를 서슴지 않았기 때문이다.[19]

전「월간조선」대표 조갑제는 2007년 5월 19일 오후 3시 강남금식기도원(원장 김성광 목사)에서 행한 설교를 통해서 "김일성과 김정일은 사탄이다. 원수와 사탄은 다르다. 김일성 부자를 용서하라고 말하는 목사는 착각한 거다. 반성경적 생각이다. 김일성과 김정일을 돌려놓을 방법이 없다. 사탄처럼 제거해야 한다."고 역설했다. 북한의 성부 · 성자 · 성령은 각각 김일성 · 김정일 · 주체사상이라고 비유했다. 그는 "북한과 남한의 차이는 주체사상과 기독교의 영향"이라고 했다.[20]

한홍구 교수는 보수적인 기독교 단체들의 친미 반북 성향의 정치 집회를 예로 들며 "대형 교회가 반북한, 반통일, 반평화의 핵심적 역할을 수행하고 있다."고 말하고 "이런 교회가 어떻게 통일의 주역이 될 수 있나"고 반문하며 통일을 위한 한국 교회의

---

19) 정용섭, "한국 교회 설교가 통일을 막는다,"「뉴스앤조이」2007. 8. 10.
20) "조갑제, '김일성과 김정일은 사탄이다',"「뉴스앤조이」2009. 5. 22.

역할에 대해 회의를 제기했다. 이러한 지적에 대해 김근상 신부는 "교회의 형제들이 갈등을 증폭시키는 데 기여하는 게 부끄럽다."며 한 교수의 의견에 동감을 표하면서도 "지탄받아 마땅한 사람들을 설득해내는 게 또 하나의 교회의 역할이라고 본다."고 말했다.[21]

이처럼 한국 교회 내부에서 통일에 관한 견해의 차이를 어떻게 좁히는가 하는 것이 시급한 과제이다. 그동안 한국 교회의 통일 운동을 선도해온 한국기독교교회협의회(KNCC)는 북한기독교연맹과의 줄기찬 대화를 시도한 공이 크지만 이제는 남한 내의 이념 갈등 해소와 반통일 세력에 대한 대책에도 관심과 노력을 기울여야 할 것으로 본다.

3. 공산주의의 무신론과 종교 비판의 배경

반공이념의 가장 강력한 근거는 공산주의의 본질이 무신론이며 공산국가의 종교 탄압의 역사를 보아 공산주의와 기독교는 도저히 양립할 수 없다는 신념이다. 공산주의가 무신론을 주장하기 때문에 공산주의 지도자는 사탄이요 공산주의 국가는 원칙

---

21) "반통일 반평화 한국 교회가 한반도 평화를?" 「뉴스파워」 2007. 10. 8.

적으로 반기독교적이라는 주장이다.[22]

마르크스, 엥겔스, 레닌, 모택동, 김일성을 비롯한 모든 위대한 사회주의자 또는 공산주의자들은 모두 무신론자로 알려졌다. 그래서 무신론은 공산주의의 고유한 본질적 특성으로 여겨진다. 그러나 공산주의를 단지 무신론으로 타도할 것이 아니라, 그들이 왜 무신론을 주장하고 종교소멸론에 입각하여 종교 비판에 앞장섰는지 그 이론적 근거와 역사적 배경에 대한 검증을 통해 이념적인 편견을 조정하여야 할 것이다. 그리고 기독교가 혹시 그 빌미를 제공하지는 않았는지에 대해 반성할 필요가 있는 것이다.

이런 관점에서 맥거번(A. F. McGovern)은 마르크스주의자들이 무신론을 주장한 역사적 조건들을 분석하고 마르크스주의가 무신론을 주장한 네 가지 근거를 제시하고 무신론이 마르크스주의의 본질적인 주제가 아니었다는 사실을 지적하였다.[23]

1) 휴머니즘적 무신론

포이에르바하의 휴머니즘적 무신론의 영향을 받은 마르크스

---

22) 이상린, "맑스의 무신론,"「한신논문집」14(1997), 449, 490; 안병욱, "맑스의 무신론,"「기독교사상」91(1965. 10), 22, 31; 우정, "무신론과 북한의 종교관,"「북한」138(1983. 6), 50, 64.
23) A. F. McGovern,『마르크시즘과 기독교』(서울: 한울, 1988), 336-378.

는 엥겔스와 함께 쓴 『신성가족 - 비판적 비판에 대한 비판』 (1845)이라는 저서를 통해 무신론과 공산주의를 진정한 인본주의로 찬양하며, "무신론은 종교의 말소를 통해서 자체와 매개되는 인본주의이며 공산주의는 사유재산의 말소를 통해서 자체와 매개되는 인본주의이다."라고 주장하였다. 무신론과 공산주의가 모두 휴머니즘을 지향하는 공통점이 있다고 본 것이다.

마르크스는 그의 개인적 경험을 통해 당시의 서양 기독교의 상황을 주관적으로 파악하여 신에 대한 신앙은 인간을 소외시키고 비인간화시키는 것으로 규정하였다. 당시 프러시아의 왕이었던 프리드리히 빌헬름 4세가 자신은 지상에서 신의 대리자라고 주장하며 백성들이 자신을 신임해줄 것을 요구하였기 때문에 종교는 권위에 대한 예속과 복종의 도구라고 믿게 된 것이다.[24] 포이에르바하의 영향을 받은 마르크스는 "인간의 자유냐 신에 대한 예속이냐"는 이분법적 사고에서 벗어나지 못했으므로 신의 이름으로 인간을 예속하는 기독교와 휴머니즘이 양립할 수 없다고 보았다.

그러나 현대의 많은 신학자들은 기독교야말로 진정한 휴머니즘이라고 주장한다. 그 근거로서 하나님의 인간화를 제시한다. 구약성서의 출애굽사건을 인간 해방의 사건이며, 하나님께서 인

---

24) 같은 책, 340.

간의 구원과 해방을 위해 인간이 되셨다는 성육신 사건이야말로 기독교가 진정한 휴머니즘이라는 근거라고 주장한다. 오히려 공산주의의 역사적 진행 과정을 보면 그들이 처음에 주장한 본래의 이념과 달리 현실 상황에서는 인간을 해방시킨다는 이름으로 인간을 예속시키는 비인간적인 행태를 적지 않게 자행한 것이 사실이다.

한때 한 종교사회주의운동에 참여하였던 칼 바르트는 "나는 이제 사회주의는 인간의 비참함과 그 인간을 돕는 일에 성서만큼 진지하고 심오하게 보지 못했다는 것을 알았기 때문에 종교사회주의를 내던졌다."[25]고 하였다. 몰트만은 공산주의가 자본주의적 인간 소외를 극복한다고 하면서 그와 동시에 오히려 인간의 자기 초월을 제거하였으며, 이것이야말로 가장 비인간적인 것이라고 비판한다. 그리스도는 인간을 소외시키기 위해서 이 땅에 오신 것이 아니라 인간을 해방시키는 이웃 사랑의 자기 초월로 이끌기 위해 오신 것이다. 따라서 더 이상 인간을 소외시키지 않는 "종교가 마르크스주의의 참된 미래"[26]이므로 기독교가 진정한 종교가 되어 고통에 처한 인간을 돕는 일에 가장 진지하

---

25) J. D. Godsay/김희은 역, 『바르트 사상의 변천』(서울: 대한기독교서회, 1981), 30.
26) J. Moltmann, "유럽에 있어서의 마르크스주의자와 기독교와의 대화,"「감신대학보」54(1984. 10. 10), 6면.

고 심오하여 참된 휴머니즘을 실현한다면, 종교가 휴머니즘에 반하기 때문에 무신론을 주장한 근거가 무너지게 되는 것이다.

2) 이데올로기적 무신론

마르크스는 인간 해방의 문제는 사회적 · 정치적 차원의 문제라는 것을 깨달았다. 그런데 종교는 이러한 사회적 변화를 반대하고 현상 유지에 만족하고 왜곡된 종교적 위안을 주는 허위의식으로서 이데올로기라고 하였다. 그래서 마르크스는 『헤겔 법철학비판 입문』(1844)에서 종교가 현실적 고통을 제대로 표현하지 않거나 현실적 고통에 대한 참다운 항거를 포기할 경우 종교는 '인민의 아편'(das Opium des Volkes)이 된다는 저 유명한 아편론을 주장한 것이다.

> 종교적 고통은 동시에 현실적 고통의 표현임에 동시에 현실적 고통에 대한 부정(항거)이기도 하다. 종교는 억압받는 존재의 한숨이며(영혼이 부재한 세계 속의 영혼처럼) 사랑이 전혀 존재하지 않는 세계에서 스스로를 사랑이라고 주장한다. 종교는 민중의 아편이다.27)

---

27) K. Marx, *"Critique of Hegel's 'Philosophy of Right',"* F. McGovern, 『마르크시즘

마르크스는 종교가 사회구조를 반영하고 현재 상태를 정당화시키는 경향이 있으므로 사회 변화를 방해하는 기득권 세력으로 본 것이다. 물론 기독교가 지배계급과 결탁하거나 가난한 사람들에게 체념과 복종을 설교하기도 하였다. 대중의 분노를 가라앉히고 현 상태를 정당화하는 일에 앞장서기도 하였다. 이러한 행태는 사회주의자들에게 종교비판의 빌미를 제공하고 이데올로기적 무신론을 정당화시키는 역기능을 할 수 있다는 점을 부정할 수 없다.

몰트만은 마르크스가 종교를 "현실적 고통의 표현임에 동시에 현실적 고통에 대한 항거"라고 규정한 것을 진지하게 받아들였다.[28] 몰트만은 마르크스가 지적한 것처럼 종교가 자신의 본래적인 두 가지 기능을 수행한다면 종교는 더 이상 민중의 아편으로 비난받을 이유와 근거가 사라진다는 점에 착안하였다. 마르크스의 '종교비판'의 관점에서 보면 기독교야말로 '현실적 고난의 표상과 고난에의 항거'가 가장 분명하게 드러나는 '비판적인 종교'라고 하였다. 왜냐하면 기독교가 말하는 복음의 핵심을 이루는 "그리스도의 십자가는 인간의 비참한 현실의 표현이며

과 기독교』, 42 재인용. '종교는 인민의 아편'이라는 말은 마르크스가 창안한 것이 아니고, 일찍이 Heine와 B. Bauer가 사용했다.

28) J. Moltmann, "종교와 맑스주의," 「신학사상」 47(1984), 893-905.

그리스도의 부활은 인간의 비참한 상황에 대한 참다운 항거를 뜻"[29]하기 때문이다. 그러므로 세상의 고난 문제를 진지하게 취급하는 진정한 기독교야말로 '민중의 아편'이 아니라 '자유의 누룩'이며 그런 의미에서 기독교는 정치 비판적인 종교라고 하였다.[30]

역사적으로 보면 기독교는 지배자의 종교가 아니라 로마 식민지 피지배자의 종교로 출발하였다. 물론 기독교가 로마의 국교로 공인되면서 지배자의 종교로 변형된 점이 없지 않다. 엥겔스는 적어도 초기 기독교의 오순절 공동체와 16세기 토마스 뮌처의 농민운동과 재세례파의 정치적 항거는 긍정적으로 평가하였다.[31] 레닌도 가난한 자의 편에선 사도들의 예언자적 기독교와 기득권 편에 선 콘스탄틴 이후의 국가적 기독교를 구분하였다. 남미의 해방신학자들은 '콘스탄틴 이전의 기독교'를 진정한 기독교하고 주장한다.

한편 몰트만은 마르크스주의 자체가 민중을 고난에서 해방한다는 명분으로 전투적 혁명과 프롤레타리아의 독재를 통해 오히려 민중을 억압하는 작용을 한다면 마르크스주의도 민중의 아편

---

29) J. Moltmann, "복음의 정치학적 해석학," 전경연 편, 「신학의 미래 II」(서울: 보진제, 1973), 157.
30) J. Moltmann, "종교와 맑스주의," 898, 900.
31) A. F. McGovern, 『마르크시즘과 기독교』, 350.

이 된다는 점을 지적하였다.

초기 기독교처럼 종교가 사회적 변화의 촉진제 역할을 할 수 있다면 종교가 지배자들의 거짓된 이데올로기라는 명분하에 무신론을 주장할 근거는 사라지게 된다. 오늘날의 정치신학이나 해방신학 등 제3세계의 신학의 견해에서 보면 기독교는 지배자들의 기득권을 옹호하는 정치 이데올로기가 될 수 없기 때문이다. 종교는 허위의식이라는 이데올로기 비판에 입각한 무신론이 마르크스주의의 본질적인 요소도 아니며 사회주의 달성의 궁극적인 목표도 아닌 것으로 판명되는 것이다.

3) 과학적 무신론

마르크스는 당시의 새로운 과학으로 떠오른 초기 진화론의 영향을 받지 않을 수 없었다. 그는 공산주의를 과학과 동일시한 반면, 종교는 세계에 대한 비과학적이고 미신적인 관점에 기초해 있는 것으로 보았다. 엥겔스(1820-1895)는 『자연변증법』서문에서 뉴턴, 데카르트, 케플러에 이르는 현대 과학은 종교적 권위에 벗어나 종교에 대한 과학의 승리의 역사를 선도하였고, 신학으로부터 자연과학의 해방이 시작되었다고 하였다.[32] 새로운

---

32) 같은 책, 353.

과학으로 인해 우주와 인간의 기원에 대한 종교적 설명은 극복되고 과학의 기초에는 모든 현상에 대한 변증법적 유물론이 자리 잡게 된다고 본 것이다.

마르크스를 비롯한 초기 공산주의자들은 19세기의 사람으로서 당시의 지적 분위기를 반영하는 종교와 과학의 이분법에서 벗어나지 못하였다. 그러나 오늘날 진정한 과학자들은 과학이 절대적인 진리라고 주장하지도 않을 뿐 아니라 과학이 우주와 인간에 대한 모든 질문에 유일한 해답이라고 주장하지도 않는다. 과학은 단지 자연현상을 설명하기 위해 가설을 세우고 실험과 관찰을 통해 그 가설을 설명하려는 시도로 여길 뿐이다. 그리고 그러한 가설은 새로운 가설에 의해 뒤집어질 수 있는 한시적 가설이라는 것을 겸허하게 인정한다.

따라서 과학적 진리만이 절대적 진리라고 주장하는 것은 '과학적 미신'이라고 규정된다. 그리고 종교적인 가르침이 미신이고 비과학적이라는 명제도 더 이상 타당성을 지니지 못한다. 과학과 종교는 상호 모순되는 것이 아니라는 주장이 더욱 설득력을 갖게 된 것이다. 지동설과 진화론이 등장하였을 때 일부 종교 지도자들은 새로운 과학의 등장으로 종교의 지위가 흔들릴 것으로 우려하였으나 현대에 와서 많은 종교인들은 인간의 종교적인 신앙의 기초는 과학적 이론에 근거한 것이 아니라는 인식을 갖게 되었다.

다른 한편으로 마르크스는 자본주의에서 공산주의로의 이행을 불변의 과학적 원리로 내세웠다. 자본주의는 그 자체 모순 때문에 소멸하고 공산주의로 이행하는 것이 자연과학의 원리처럼 절대적인 법칙이라고 믿었으나 동구권의 붕괴로 이러한 주장은 타당성을 잃었다. 세계사의 흐름은 마르크스의 주장과 달리 공산주의의 종주국인 소련을 비롯한 동구권 공산국가가 붕괴되어 자본주의로 이행되는 예측 불허의 상황으로 전개되어왔기 때문에 더 이상 유물론적 공산주의를 과학이라고 주장할 수 없게 되었다.

따라서 마르크스주의의 과학적 무신론은 그 근거와 기반이 취약해진 것이 분명하다. 현대에 와서는 그 누구도 19세기의 천박한 과학관과 유물론적 변증법을 내세워 무신론을 주장하기는 어렵기 때문에 마르크스주의가 과학의 이름으로 무신론을 계속 관철할 수 있는 명분이 이미 사라진 것으로 보아야 할 것이다.

4) 전투적 무신론

청년 마르크스는 모든 비판의 전제로서 종교를 비판했다. 그러나 그의 후기 저서에는 종교를 타파하거나 종교를 대항하여 투쟁할 필요성을 언급하지 않았다.33) 엥겔스 역시 종교에 대한 투쟁을 강조하는 전략에 반대했다고 한다. 그는 무신론을 지나

치게 강조하는 급진적 블랑키주의자와 바쿠닌주의자들을 비판
하였다. 법률로 신을 부정하려는 욕구는 비생산적이고 종교적
박해는 바람직하지 못한 신념을 조성시킬 뿐이라고 보았다.

마르크스주의에 입각하여 적대적이고 전투적인 무신론을 편
것은 공산주의 혁명 투쟁에 직접 참여하여 이를 진두지휘를 한
레닌이다. 그는 1913년 고리끼(Maxim Gorki)에게 보낸 편지에서
'신과 종교에 대한 분노와 투쟁'의 필요성을 역설하였다.

> 신 이념은 가장 위험스러운 것, 혐오할 만한 것, 가장 적대적인
> 전염병이다. … 신이란 특히 이념들의 복합체이며, 이 이념들
> 은 자연을 통하여 계급 억압을 통하여 결과된 것이고, 인간 억
> 압에 의하여 창출된 것이며, 이러한 억압을 영속적인 현상으로
> 만드는 계급투쟁을 잠재우는 이념의 복합체이다.[34]

레닌이 주도한 볼셰비키는 1917년 10월 7일 권력을 장악한
후 수도원과 교회의 재산을 포함한 모든 토지를 국유화하고 출
생, 결혼, 사망에 관한 법률을 교회와 무관한 사법관의 이름으로

---

33) A. F. McGovern, 『마르크시즘과 기독교』, 363.
34) 박순경, "기독교와 공산주의의 이론과 현실," 「기독교사상」 1983년 8월호,
    23.

통과시켰다. 1918년 1월 23일 발포한 법령에는 "모든 인민은 어떠한 종교적 믿음도 가질 수 있으며 또한 전혀 가지지 않을 수도 있다. 또한 종교의식도 자유롭게 허용한다."고 하였다. 그러나 정교분리 원칙에 따라 종교의식이 공공질서를 방해할 수 없도록 금지하고 성직자의 공민권을 박탈당하였다.

　러시아뿐 아니라 중국도 공산화 초기에는 종교를 적대적 세력으로 몰아 탄압하였다. 북한의 경우도 예외가 아니다. 북한의 김일성은 역시 공산 집권 초기부터 '종교는 제국주의자들의 침략 도구'라고 여겼다. 「조선민주주의인민공화국 헌법」(1948. 9. 9)에는 "공민은 신앙 및 종교의식의 자유를 가진다."(제2장 14조)고 명시하였으나 1972년 개정된 「조선민주주의인민공화국사회주의 헌법」에는 "공민은 신앙의 자유와 반종교 선전의 자유를 가진다."(제4장 54조)고 수정하였지만, 반종교 선전의 자유를 포함시킴으로써 종교 탄압의 법적 근거를 마련하였던 것이다.

　8·15해방 전까지 북한에는 교회가 2600여 개나 있고 금강산 등 명산마다 유명한 사찰(寺刹)이 많았다. 평양의 교회 수만 270여 개였다. 평양은 '제2의 예루살렘'이라 부를 정도로 기독교가 왕성한 도시였다.[35] 1950년 남북 간의 전쟁 이후 북조선에서

---

35) "해방 전 '제2의 예루살렘'… 북한의 기독교 신자들은," 「조선일보」 2010. 1. 16.

교회당은 소멸하고 가정 교회만이 존재해왔다.

6·25전쟁 이후 북한은 20년간의 종교 탄압과 종교 말살의 정책을 시행해오다가 1972년 2월 미국과 중국의 수교에 이어 일본과 중국의 수교가 이루어지는 냉전체제의 종식과 동서해빙의 무드를 타고 1972년 「7·4 남북공동성명」이 발표되었다. 남북 대화가 시작되면서 그동안 유명무실하였던 「조선기독교도연맹」, 「조선불교도연맹」, 「조선천도교중지도위원회」 등의 활동이 재개되기 시작하였다.

1980년대에는 남북한의 개신교, 천주교, 불교 관계자들이 제3국을 통한 남북 종교인 교류를 이어왔으며, 특히 1981년 11월 3일부터 5일까지 오스트리아 비엔나에서 「조국통일을 위한 북과 해외동포 기독자 간의 대화」는 이후의 남북 기독교인들의 회합과 통일을 위한 논의의 물꼬를 터주었다. 이러한 변화되어가는 남북 정세를 반영하듯이 1982년 발표된 김일성의 종교관은 북한이 반종교 정책을 쓰던 시기와는 확연히 달라져 있었다.

수령님께서는 종교를 악용하는 반동적 지배계급과 제국주의자들의 책동을 배격하시었지 종교와 종교 신자를 배척하신 일이 없습니다. 종교에는 나쁜 점만 있는 것이 아니라 좋은 점도 있습니다. 종교에서는 사람들이 사랑하면서 평화롭게 살라고 주장하는 것은 좋은 점이라 볼 수 있습니다.[36]

1988년 11월에 6 · 25전쟁 이후 처음으로 평양에 처음으로 봉수교회가 세워졌고, 1988년 9월에는 천주의 장충성당이 세워지고, 1992년 12월에는 칠골교회가 준공되었다. 북한의 조선기독교연맹은 신약성서(1983)와 구약성서(1984)를 발간했으며, 1990년에는 신구약합본 성경과 음표가 있는 찬송가를 1만 부씩 인쇄하기도 하였다. 1990년 1학기에는 김일성대학 역사학부 안에 종교학과가 개설되기도 하였으며 재미교포 홍동근 교수가 기독교학을 강의하게 이르렀다.[37]

게다가 1992년 4월에 개정된「조선민주주의인민공화국사회주의 헌법」에는 종교에 관한 규정(제5장 68조)을 다음과 같이 개정하였는데 1972년의 '반종교 선전의 자유'라는 내용을 삭제하고 '외세 금지와 국가질서 유지' 항목이 새로 포함되었다.

공민은 신앙의 자유를 가진다. 이는 종교 건물을 짓거나 종교의식을 거행하는 것으로 보장된다. 누구든지 종교를 외세를 끌어들이거나 국가질서를 해치는 데 이용할 수 없다.[38]

---

36) 박승덕, "기독교에 대하는 주체사상의 새로운 관점,"『기독교와 주체사상: 조국통일을 위한 남북 해외 기독교인과 주체사상가의 대화』(서울: 신앙과 지성사, 1993), 81.
37) 박광수, "북한의 종교정책변화와 남 · 북한 종교교류성찰,"「신종교연구」제21집(2009), 328-328.
38) 같은 책, 317.

헌법 개정과 아울러 종교와 관련된 낱말 풀이가 크게 친종교 쪽으로 바뀌었다. 1981년판『현대조선말사전』과 1992년판『조선말대사전』의 풀이 내용을 비교해보면 그 차이가 분명히 드러난다. 몇 가지 사례를 도표로 비교해보면 다음과 같다.[39)]

기독교 관련 용어 변화 사례

용어	『조선말대사전』(1981)	『현대조선말대사전』(1992)
종교	종교는 인민대중의 혁명의식을 마비시키고 착취와 억압에 무조건 굴종하는, 무저항주의를 고취하는 아편	초자연적이고 초인간적인 존재에 대한 절대적 신앙 또는 믿음을 설교하는 교리에 기초하고 있는 세계관
교회	반동통치계급이 정치적 비호 밑에 근로자들의 계급의식을 마비시키고 예수교의 교리와 사상을 선전하여 퍼뜨리는 거점	기독교에서 여러 가지 종교적 의식을 하고 사람들에게 기독교를 믿도록 선전하기 위하여 지은 건물, 례배당
선교사	미제를 비롯한 제국주의자들이 예수교를 선전하며 보급한다는 명목으로 다른 나라에 파견하는 종교의 탈을 쓴 침략의 앞잡이	기독교를 보급 선전할 사명을 띠고 다른 나라에 파견한 사람

---

39) 같은 책, 318-322; 박정용, "北韓 宗敎政策 變化에 關한 硏究," 경기대학교 정치전문대학원, 2003. 67.

구세주	착취사회에서 지배계급과 그 대변자들이 근로대중의 계급적 감성을 무디게 하여 저들에게 순종하게 만들 목적 밑에 꾸며낸 허황된 존재	세상을 구제하는 주인이라는 뜻 으로 기독교에서는 예수, 불교에 서는 석가모니를 이르는 말

2008년 11월 현재 조선그리스도교련맹(조그련)에 등록된 기독교인 수는 1만 2000명이며 공식 교회는 봉수교회와 칠골교회 2곳이다. 소규모 가정 예배처가 520여 곳이다. 5년 과정의 평양 신학교도 있으며 조그련에 현재 30여 명의 목사 등 교역자 300여 명이 활동 중이다. 북측에서는 교인 수를 1만 4000여 명까지 늘리기 위해 다양한 활동을 펼치는 등 일종의 '만사운동'도 펼치고 있다는 후문이다.[40]

따라서 1990년을 전후하여 북한뿐 아니라 모든 사회주의 국가에서 지금은 공산혁명 초기의 전투적인 상황에서 종교를 타도의 대상으로 여기고 무신론을 주장하던 상황에서 급변하여 종교의 자유를 허용하고 있으며 러시아와 중국에서도 종교인들의 숫자가 급증하고 있다. 그러므로 마르크스주의에서 전투적 무신론은 공식적으로 폐기된 것으로 보아야 한다. 그럼에도 불구하고

---

40) " 'KNCC-조그련' 주최, 남북 기독인 400여명 평양 봉수교회서 공동기도회," 「국민일보」 2008. 11. 8.

여전히 공산주의의 핍박을 받은 체험적 반공주의자들의 전투적 반공주의는 사라지지 않고 있는 실정이다.

맥거번은 마르크스를 비롯한 공산주의자들이 휴머니즘적 무신론과 이데올로기적 무신론과, 과학적 무신론과, 전투적 무신론을 주장한 이유를 분석한 후 '마르크스주의에 있어서 무신론은 필수적인 것이 아니었다.'고 결론짓는다.[41] "마르크스주의에 있어서 무신론이 이론적으로 본질적인 문제가 아니라, 마르크스주의자들이 신앙을 가진 자들을 어떻게 바라보느냐의 문제이다."[42]고 하였다. 마르크스의 무신론은 변증법적 유물론의 체계적 이론의 결론일 수 없고 오히려 변증법적 유물론을 체계화하기 위해 요청된 것이다. 골비처는 이런 의미에서 마르크스주의적 무신론은 '본질적 무신론'이 아니라 인간의 해방과 공산주의 혁명 과정에서 요청되는 '요청적 무신론'이라고 하였다.[43] 박순경은 "오늘날 분단된 세계 상황의 주된 원인은 공산주의 무신론이 아니라 세계패권의 문제"[44]라고 지적하였다.

---

41) A. F. McGovern, "무신론은 맑스주의의 필수적일 요소인가?"「신학사상」 60(1988. 3), 202-223.
42) A. F. McGovern, 『마르크시즘과 기독교』, 371.
43) 정하은, "맑스의 종교비판과 인간 소외," 기독교사상 편집부, 『한국 교회와 이데올로기』(서울: 대한기독교서회, 1983), 223.
44) 박순경, "기독교와 공산주의의 이론과 현실," 30.

4. 원칙적 반공주의의 극복 과제

자본주의가 일류 역사가 이룬 최상의 이념이요 제도라고 하지만 자본주의가 절대선은 아니다. 영국의 '비비시'(BBC) 방송은 베를린 장벽 붕괴 20년을 맞아 27개국의 2만 9000명 이상을 대상으로 한 여론조사 결과 거의 80%가 자본주의 시스템이 불완전하다고 보는 것으로 나타났다. 그리고 27개국 중에서 22개국의 67%가 "정부가 나서서 부를 더욱 평등하게 재분배해야 한다."는 데 동의했다고 발표하였다.45)

세계 각지에서 모인 100여 명의 신학자, 경제학자, 윤리학자, 교회지도자 그리고 기업가들이 "기독 신앙과 경제학에 관한 옥스퍼드 선언"(1990)을 발표하였는데 성경에는 어느 특정한 기독교적 경제관을 직접 제시한 바 없지만, "'이기적 개인주의'와 '경직된 집산주의'는 모두 인본주의적 세계관에서 나온 것이므로 이 두 이념이 구현"되어 있는 자본주의와 공산주의는 둘 다 성경적 경제관에 입각한 체제가 아니라고 하였다. 따라서 기독교적 경제관에 따르는 경제체제는 "부를 정당하게 생산하는 능력과 부를 정당하게 분배하는 능력이 동시에 고려"하는 제3의 길을 제시하였다.46)

---

45) "세계인 23% '자본주의 치명적 결함'," 「한겨레신문」 2009. 11. 10.

바르트는 자본주의든 공산주의든 절대선이라고 볼 수 없다고 하였다. 자본은 인간의 이기심에 호소하여 서로 투쟁하게 만들며, 고용자나 피고용자나 모두가 자본을 섬김으로써 인간성은 위협받고 조롱받으며 모두를 소외시키고 물화한다. 그러므로 교회는 자본주의의 극복을 통해 자본의 억압과 착취가 없이 모든 사람들이 연대감을 가지고 더불어 살아가는 하나님의 나라를 이 땅에 이루어야 한다. 이런 의미에서 바르트는 만약 공산주의 국가가 복음 선포를 허락하고 교회의 모임을 허용하기만 한다면 자본주의 국가보다 나을 수 있다고 하였다.47)

바르트는 1917년 러시아에서 공산주의 혁명이 일어난 후에는 저 유명한 『로마서 강해』(1919)를 저술하여 자본주의와 같은 현존 질서를 긍정하는 것은 '악에게 지는 것'이고, 현존 질서가 악하다고 이를 부정하는 공산주의의 혁명은 '악을 악으로 갚는 것'이지만, 하나님의 혁명은 선으로 악을 이기는 것이라고 하였다.48) 바르트는 "하나님의 혁명은 모든 인간적 혁명보다 더 철저할 뿐만 아니라 또한 모든 인간적인 혁명에 내재해 있는 악들

---

46) 이풍, "통일한국의 경제 체제: 바람직한 토지제도를 중심으로," 남북나눔위원회 편, 『민족통일을 준비하는 그리스도인』(서울: 두란노, 1995), 213-214.

47) 이신건, 『칼 바르트와 이데올로기』(서울: 성지출판사, 1989), 160.

48) 허호익, "칼 바르트의 「로마서 강해」에 나타난 하나님의 변증법," 「신학과 문화」 제9집(2000. 12), 190-219.

을 드러내 보인다."고 하였다.49) 이런 관점에서 보면 『로마서
강해』 초판의 로마서 13장 강해에서 "악을 악으로 갚지 말라."고
강조한 것은 레닌이 『국가와 혁명』을 통해 주장한 영구혁명론을
신랄하게 비판하기 위해 쓰인 것으로 평가된다.50)

칼 바르트는 2차 대전 후 전 세계가 소련을 대표로 하는 공산
주의 세력과 미국을 대표하는 자본주의 세력이라는 두 개의 강
대 세력권에 편입되는 것을 불가피한 일류사의 과정으로 보았
다. 공산주의는 서구의 초기 자본주의의 열악함과 모순을 타파
하기 위한 시도로 출발하였기 때문이다. 그래서 바르트는 "공산
주의는 서구적 발전의—호전성 때문에 비록 환영을 받지 못하
지만—필연적 결과라는 사실을 간과할 수 있겠는가?"51)고 반
문한다.

그렇다면 이 양자 세력 사이에 있는 교회는 어떤 편을 들어야
하는가? 바르트에 의하면 그리스도인의 희망은 공산주의 체제
나 자본주의 체제도 아닌 하나님의 나라이다. 그는 교회가 어느
편에도 설 수 없고, 오히려 하나님 나라의 희망 안에서 두 체제

---

49) J. Bentley/김쾌상 역, 『기독교와 마르크시즘』, 94.
50) U. Dannemann/이신건 역, 『칼 바르트의 정치신학』(서울: 한국신학연구
    소, 1991), 80-81.
51) John D. Godsey/김희은 역, 『바르트 사상의 변화』(서울: 대한기독교서회,
    1981), 94.

의 대립을 넘어서서 하나님의 일과 인간의 일을 제시하여야 하며, 이 두 이데올로기를 동시에 비판하고 더 높은 하나님의 나라에 상응하는 가치로 양자를 지양시켜야 한다고 보았다.[52]

바르트는 교회는 상황에 따라 보수적일 수 있고 진보적일 수 있기 때문에 교회가 어느 하나의 정치적 '노선'에 원칙적으로 사로잡히는 것은 단호히 거부하여야 한다고 하였다. 그는 냉전시대에 양대 세력이 서로에게 적대적 원수 관계를 부추기는 것을 배격하는 것이 교회가 취하여야 할 제3의 길이라고 하였다. 극단적인 대립을 조장하는 원칙적 공산주의나 원칙적 반공주의는 모두 나쁜 것이라고 보았기 때문이다. 그러므로 자본주의 국가들이 공산주의에 대항하기 위해 적대감을 부추기는 "원칙적 반공주의는 공산주의 그 자체보다 더 큰 악"[53]이라고 주장하였다. 그리스도인은 원칙적인 공산주의자가 될 수 없듯이, 원칙적인 반공주의자, 즉 자본주의자가 될 필요도 없다는 것이다. "오직 '우리 속에 있는 히틀러'만이 원칙적 반공주의자가 될 수 있다는 것을 우리는 잊었는가?"라고 반문한다.[54]

바르트는 '공산주의자'들과 '공산주의'를 구분하였다. 마치

---

52) 이신건, 『칼 바르트와 이데올로기』, 155, 156.
53) 같은 책, 158.
54) 같은 책, 95.

죄를 미워하되 죄인을 사랑하라는 말씀처럼 공산주의는 미워하되 공산주의자들을 위하여야 하며 그것이 공산주의를 대항하는 길이이라고 역설하였다.

> 하나님은 인간을 대항하시는 분이 아니라, 인간을 위하시는 분이다. 공산주의자들도 인간이다. 하나님은 공산주의자들도 위하신다. 따라서 그리스도인은 공산주의자들에 대항할 것이 아니라, 그들을 위해야 한다. 공산주의자들을 위한다는 것이 공산주의를 위한다는 의미는 아니다. 우리는 공산주의자들을 위하는 그때에만 공산주의에 대항하여서 말할 수 있다.[55]

이처럼 기독교의 원수 사랑의 정신과 화해의 정신을 가지고 공산주의를 대할 때 공산주의에 대한 기독교 신앙의 우월성을 확보할 수 있으며, 또한 그것이 공산주의를 극복할 수 있는 실천적이고 궁극적인 방법이 되기 때문에 '원칙적 반공주의는 공산주의 자체보다도 나쁜 것'이라는 주장을 편 것이다.

---

55) 이신건, 『칼 바르트와 이데올로기』, 157 재인용.

5. 체험적 반공주의의 치유와 화해의 신학

우리나라에서 기독교와 공산주의가 유난히 적대적인 관계에 놓이게 된 것은 역사적인 원인이 있지만 처음부터 그러했던 것은 아니다. "북한의 김일성 공산 독재 체제가 저지른 비인간적인 기독교 박해 정책 아래서 한국기독교인이 겪은 체험과 6·25사변을 통해 무신론적이며 유물론적인 공산주의 이데올로기가 기독교에 가한 적대의식의 체험"[56]들로 인해 한국 교회는 반공산주의와 반사회주의 일변도로 경직되었고 자본주의와 자유민주주의 이데올로기에 자신을 매몰시키고만 것이다.

해방 후 한반도는 민주주의와 공산주의의 실험장이요 각축장이 되어왔다. 그 실험은 아직도 계속되고 있다. … 한반도 남쪽에서 살고 있는 우리들에게만은 공산주의에 대한 이해가 특이하다. 이 특별한 체험을 가지지 못한 사람들은 절대로 이해할 수 없는 일들이 이 땅에서 일어나고 있다. 그것은 북한 공산주의자들의 무식함과 잔학함과 비인간적인 만행을 직접 겪어서 알고 있기 때문이다.[57]

---

56) 김경재, "분단시대 기독교와 민족운동," 강만길 외 공저,『민족주의와 기독교』(서울: 민중사, 1981), 103.
57) "교회와 이데올로기 - 좌경사상침투에 대한 경계,"「기독공보」1987. 12.

해방 후 분단과 그리고 6·25전쟁은 남북 상방에게 엄청난 상처와 적개심을 안겨준 '민족적 트라우마'[58]이다. 따라서 1989년의 한 통계에 따르면 6·25로 인한 개인적인 피해 유무를 질문한 결과, 전체의 53.1%가 개인적 피해를 느끼고 있었다. 그리고 피해의 내용으로는 '경제적 파탄' 38.3%, '가족의 사망/부상' 21.2%, '이산가족/실향' 16.5%, '배울 기회의 상실' 12.3%의 순으로 나타났다.[59]

한국전쟁에서 남한과 북한 가운데서 누가 승자이고 누가 가장 큰 피해자인가라는 극히 상식적인 질문조차 던지지 않고 있다. 실제로 모든 전쟁은 상방이 피해를 입기 마련이며 6·25전쟁의 경우 북한이 선제공격을 하였지만 결국 북한이 더 많은 피해를 입었다는 사실을 상기하여야 한다. 그러나 1989년의 한 통계에 따르면 남한 주민들의 피해의식이 실제보다 과장되어 있는 것을 살펴볼 수 있다. 6·25전쟁으로 남북한 어느 쪽이 더 커다란 피해를 입었는가라는 질문에 남한의 민간인의 피해가 컸다는 응답이 72.2%인 반면, 북한 쪽 민간인의 피해가 컸다는 응답은

12.
58) 김성민, "통일을 위한 인문학의 역할," 건대인문학연구원 통일인문학연구단 편, 『소통, 치유, 통합의 통일 인문학』(서울: 선인, 2009), 16.
59) 정수복, "한국전쟁이 남북한 사회에 미친 이데올로기적 영향,"「통일문제연구」, 129-130

5.8%에 불과했다. 포괄적인 의미에서 남북한 가운데 "어느 쪽의 피해가 더 컸다고 생각하십니까?"라는 질문에 대해 74.4%가 남한의 피해가 더 컸다고 대답했고 3.4%만이 북한의 피해가 더 컸다고 응답했다. 21.9%는 남북의 피해가 비슷하다고 대답했다.[60]

그러나 유엔의 통계[61]에 따르면 실제로는 남한보다 북한의 인명 및 재산 피해가 더 극심하였다. 통계적으로 사상자 수를 단순 비교해보아도 북측의 인명 피해가 남측보다 2배 가까이 많았다.[62] 북한의 인구가 남한의 절반 정도였다는 점을 감안하면 그 피해는 실제로 4배 가까이 된다고 보아야 한다.

▶ **남한 측 인명 피해**

- 한국군: 998,341명(사망 237,686명, 부상 717,083명, 행방불명 43,572)

---

60) 같은 책, 131-132.
61) 와다 하루키, 『한국전쟁』(서울: 창조와 비판사, 2001), 325-334.
62) 이덕주·조이제, 『한국그리스도인들의 신앙고백』(서울: 한들, 2000), 400. 브리태니커 백과사전 1970년판 통계자료에 의하면 군인 22만 명 민간인 50만 명이 희생되었으나, 북한은 군인 60여만 명 민간인 300만 명이 희생되었다. 남한을 지원한 미군 14만 명과 유엔군 1만 6천 명이 희생되었으나, 북한을 지원한 중공군은 100만 명이 희생되었다; 김동춘, 『전쟁과 사회』(서울: 돌베개, 2006), 292. 남한에서는 약 130만 명의 군인과 민간인이 죽었으며 북한에서는 250만 명의 군인과 민간인이 죽었다. 전쟁 과정에서 월남자가 65만 명 정도라고 한다.

- 남한 민간인: 1,161,343명(학살 129,936명, 사망 244,663명, 납치 4,532명, 행방불명 303,212명, 의용군 400,000명)
- 미군: 136,992명(사망 33,629명, 부상 103,284명, 행방불명 9명)
- 유엔군: 15,200명(사망 3,143명, 부상 11,532명, 행방불명 525명)

▶ **북한 측 인명 피해**
- 조선 인민군: 사상자 520,000명
- 북한 민간인: 사상자 2,728,000명
- 중국 인민군: 사상자 900,000명

경제적 피해도 막심하였다. 3년 동안의 전쟁 비용으로 유엔군 측은 300억 달러, 공산 측은 150억 달러를 투입했다. 남한의 전쟁 피해액은 4,123억 원으로 일반 공업시설의 40%, 주택의 16%가 파괴되었다. 북한의 재산피해액은 4,200억 원이었으며 공업생산은 50%로 줄었으며 농업부분의 피해가 훨씬 컸다.[63] 이처럼 산업시설과 공공시설과 교통시설 및 가옥의 피해도 북한이 훨씬 많았다는 사실도 냉정하게 수용해야 할 것이다.

6·25전쟁 동안 전투 과정에서 피차 희생된 군인 외에도 북한

---

63) 임희모, "한국전쟁과 남북화해의 선교," 「한국기독교신학논총」 26(2002. 10), 322-323.

이 잠시 점령한 서울에서는 반동분자들이 무작위로 무수히 처형되었으며, 서울 수복 후에는 역으로 공산군에 협조한 부역자들이 무작위로 무수히 처형되었다. 전쟁의 최대 피해자인 피학살 민간인과 불의의 죽음을 당한 말단 병사들, 전쟁의 와중에서 다치고 상처받고 재산을 잃어버리고 고향을 잃어버린 사람들이다.[64] 더군다나 미군과 한국군이 저지른 민간인 학살과 인민군이 후퇴하면서 저지른 민간인 학살이 전쟁의 최대 비극이었다. 미군과 한국군에 의해 주도된 학살과, 전쟁 중에 일어난 사적 보복의 양상을 지니는 학살의 경우도 전쟁이라는 정치적 환경과 정치권력, 경찰과 군의 실질적인 묵인하에 이루어졌다.[65]

워딩턴(E. Worthington)은 치유와 용서와 화해를 위해서는 상처를 객관적으로 수용하고 가해자에게 공감하는 단계를 거쳐야 한다고 하였다.[66] 무엇보다도 6·25전쟁의 역사적 배경을 객관적으로 인지할 필요가 있다. 2차 세계대전 이후 동서냉전체제라는 국제정치질서의 구조적인 죄악의 결과로 그 대리전의 형태로 6·25전쟁이 일어났으며 남북은 모두 이러한 이념 대결의 각축장의 희생 양 역할을 맡게 된 것이다. 무의식의 의식화를 통해

---

64) 김동춘, 『전쟁과 사회』, 290.
65) 같은 책, 294.
66) 손운산, "치료, 용서 그리고 화해," 「한국기독교신학논총」 35권(2004), 265.

노이로제가 치유되듯 6·25전쟁은 북한의 일방적인 책임만 있는 것이 아니라 남북한이 모두 미소 대립의 냉전체제 희생자였다는 객관적 역사 인식에 이르게 되어야 전쟁이 가져다준 개인적인 고통과 한과 적개심을 해소할 수 있는 것이다. 그리고 남한의 많은 기독교인들이 전쟁과 피난으로 인한 상처를 입었지만, 북한 주민들이 더 많은 피해와 상처를 입었다는 객관적인 사실을 수용하여야 한다. 한국전쟁을 통해 남한이 당한 고통만 생각할 것이 아니라 북한이 당한 고통이 더 컸다는 사실을 냉정하게 인정하여야만 피해의 공감대가 형성되고 전쟁으로 인한 개인적 고통을 객관화하고 역사화하여 치유와 용서와 화해로 나아갈 수 있을 것이다.

그러나 한국전쟁이 끝난 지 60년이 지나 탈냉전시대에 접어들고 공산주의 이념마저 퇴색해버렸음에도 불구하고 전쟁 동안의 공산주의에 대한 피해의식을 치유하고 용서하지 못한 채 여전히 반북, 반공, 반통일을 부추기는 설교를 하는 목회자들이 없지 않다. 이에 대해 정용섭은 "지나간 험악한 시절에 받은 트라우마(trauma)에 시달리고 있다는 사실의 반증이다. 임상치료가 필요한 대목이다."[67]고 하였다.

정성한은 공산주의에 의한 고통스러운 개인적인 체험을 어떻

---

67) 정용섭, "한국 교회 설교가 통일을 막는다," 「뉴스앤조이」 2007. 8. 10.

게 극복하였는가에 대한 두 가지 대표적인 사례를 제시한다. 손양원 목사는 '개인적 경험'이 공동체의 경험을 앞서간 대표적 사례이고, 한경직 목사는 그 반대의 사례라는 분석이다.

손양원은 그의 보수적 신학과 철저한 반공의식에도 불구하고 분단 상황과 한국전쟁의 원인에 대한 인식에 있어서 상당히 과학성을 확보하고 있던 당시 좌익의 인식과 많은 부분 일치한다. 이것은 한국 교회의 어두운 측면을 역사 인식의 대상으로 삼는 '보편적 영성'을 확보한 것이다. 또한 그는 자신의 두 아들을 죽인 공산주의를 포용함으로써 '하나님의 전 백성의 보편성'의 시원(始原)을 열었다.
… 그러나 한경직은 그의 신학의 상대적 진보성에도 불구하고 철저히 '반공의식'에 기초한 세속사 인식으로 '반공투쟁'을 주도하였다.[68]

손양원 목사는 공산주의자에 의해 두 아들이 희생되는 비극적인 체험을 분단 극복의 미래지향적인 통일의식으로 승화시킨 것이다. 이처럼 '개인적인 체험'은 그 시대의 보편적 역사적 체험에 비추어 미래지향적으로 재해석할 수 있을 때 그 개인적인

---

68) 정성한, 『한국기독교통일운동사』, 384.

체험이 극복될 뿐만 아니라 그 개인적 체험이 역사적·보편적 의미를 지니게 되는 것이다. 한국의 많은 목사들이 손양원 목사가 자신의 두 아들을 살해한 공산주의자를 그리스도의 사랑으로 포용한 것을 설교하면서도 북한에 대해서는 여전히 적대감을 가지고 있는 모순을 지적하지 않을 수 없다. 박순경의 지적처럼 더 이상은 "북한에서의 기독교인들의 고난에 대한 보도와 회고는 적개심을 자아내게 하는 수단"이 되어서는 안 될 것이다.[69]

이제는 개인적 상처들을 객관화하고 체험적 반공주의의 민족적 정신적 외상(trauma)에서 벗어나 미래를 위해 화해와 통일을 위한 열린 마음을 가져야 할 것이다. 그래서 한국 교회는 평화와 통일의 희년선언(1995)에서 분단의 상처를 치유하는 일에 교회가 앞장설 것을 역설하였다.

> 인도주의 원칙을 선언한 교회는 화해와 공생과 교류협력의 시대에 무엇보다 분단과 대결로 인해 빚어진 인간적인 고통과 상처를 치유하고 일그러지고 마비된 민족구성원들의 인도적 삶을 회복시키는 데 우선적인 노력을 기울여야 한다. 희년의 정신이 고통당하며 소외된 자를 돌보고 그들의 권익을 옹호하는 데 있다면, 분단의 희생자들인 이산가족, 사상범과 장기수, 국

---

69) 박순경, "기독교와 공산주의의 이론과 현실," 54.

가보안법과 이에 상응하는 법들의 피해자와 피납자들, 그리고 그들의 가족들을 돌보며, 상처를 치유하는 데 교회가 앞장서 노력해야 한다.70)

쥬디스 허만(Judith L. Herman)은 전쟁을 포함한 각종 폭력으로 인한 상처로 희생당한 사람들이 회복하는 데는 세 단계가 필요하다고 하였다.71) 첫째는 안전한 공간을 확보하는 것이고, 둘째는 기억하고 애도하는 것이며, 셋째는 일상적인 삶과 재연결하는 것이다. 따라서 한국 교회가 이러한 분단의 상처를 치료하고 동시에 공존의 체험을 할 수 있도록 치료의 3단계를 제공할 수 있는 안전한 공간, 만남과 공존을 실험하는 공간, 전환적 공간을 제공하여야 한다.72) 민중신학자 서남동은 한의 신학을 통해 맺혀 있는 원한(怨恨)과 풀어가는 정한(情恨)을 구분하고 예수는 십자가의 고난을 통해 민중의 한을 풀어준 '한의 사제'라고 하였다.73) 한국 교회가 전쟁의 상처를 들추어내어 상처를 돋우는 역할을 해서는 안 될 것이다. 체험적 반공주의의 한을 풀어주

---

70) "평화와 통일의 희년선언(1995)" 전문을 참조할 것.
71) 손운산, "치료와 공존: 분단과 통일시대 사이의 목회상담," 「신학사상」 121집(2003/여름), 165.
72) 같은 책, 177
73) 서남동, "한의 사제," 『민중신학의 탐구』(서울: 한길사, 1983), 43.

는 역할을 하여야 할 것이다.

6. 기독교는 좌우를 아우르는 대안

예수는 공산주의자일까? 자본주의자일까? 기독교는 공산주의에 가까울까? 자본주의에 가까울까? 예수는 생산의 효율성을 강조하였다는 점에서 자본주의자라고 할 수 있다. 달란트의 비유(마 25:14, 30)와 포도원 지기의 비유(막 12:1, 12)의 공통된 사상은 물질을 매개로 한 주인과 종의 관계를 하나님과 인간의 관계로 설정하고 주인이신 하나님이 주신 물질의 위탁받은 관리자인 인간은 그것을 효율적으로 활용하여 늘려야 할 책임과 의무가 있다는 것이다. 씨 뿌리는 자의 비유(막 4:1, 9)에서 창조주 하나님의 뜻은 그가 창조하신 좋은 땅에서 30배, 60배, 100배의 결실을 맺는 것이라고 가르친다. 달란트의 비유나 씨 뿌리는 자의 비유를 통해 보다 많은 이윤을 남기라고 하였으므로 생산의 효율성과 재산의 증식과 부의 창출과 경제성장을 강조한 자본주의자라 할 수 있다.

그러나 예수는 '가난한 자에게 복음'(눅 4:19)을 전하기 위해 오셨다고 하였으며 부자 청년에게는 "네 소유를 팔아 가난한 자들에게 주라. 그리고 와서 나를 따르라."(막 10:21) 하였으니 자본의 축적보다 분배를 강조한 공산주의자이기도 하다. 그의 가르침에 따라 오순절 교회가 유무상통을 실천하여 원시 공산주의 형태를 취하였다는 평가를 받는 것이다.

오병이어(막 6:35-44)의 이야기에서 예수가 자본주의자였다면 각자의 먹거리는 각자가 해결하라고, 있는 사람은 먹고 없는 사람은 굶어야 별 수 있느냐고 했을 것이다. 예수가 공산주의자였다면 그곳에 모인 사람들의 가진 것을 강탈하여 공평하게 나눠먹자고 했을 것이다. 그러나 예수는 "너희가 먹을 것을 주라."(막 6:37)고 하셨다. 가진 것이 있으면 자발적으로 함께 나누어 먹자고 한 것이다. 자본주의의 '이기주의'와 공산주의의 '강요된 이타주의'에 대한 새로운 대안으로 '자발적 이타주의'를 제시한 것이다. 이것이 좌우를 아우르는 기독교의 경제적 이상인 것이다. 각자가 현재 가진 것을 자발적으로 나누어주는 데에서 모두가 잘사는 하나님 나라의 기적이 일어난다고 가르친 것이다. 최근 전 재산의 절반 기부운동을 펼치는 빌 게이츠는 부자들의 자발적인 기부를 통해 분배의 정의를 실현하는 것이 '창조적 자본주의'라고 하였다.

따라서 기독교는 '잘사는 사람만 더 잘사는' 우파적인 자본주의나, '모두가 못사는' 사회 좌파적인 공산주의와는 전적으로 다른 것이다. 이 양자의 모순을 극복하기 위해서 '좌로나 우로나 치우치지 않고' 하나님의 뜻에 따라 '모두가 잘사는 사회'를 이 땅에 구체적으로 실현하는 제3의 길이 모색되어야 한다.[74] 기독교는 좌파도 우파도 아니다. 새는 좌우 날개로 날듯이 좌우가 모두 필요한 것이다. 그런 의미에서 기독교는 '좌우 날개를 가지고 좌우를 아우르는 몸통'이라고 할 수 있다.

대한민국임시정부의 지도자들 사이에도 좌우 이념논쟁으로 큰 갈등을 겪었으나 다행히도 조소앙이 제안한 좌우를 아우르는 삼균주의를 수용하여 '대한민국건국강령'(1941. 10. 28)을 제정·공포했다. '정치의 균등'(참정권), '경제의 균등'(수익권), '교육의 균등'(수학권)을 내세운 삼균주의는 임시정부의 건국이념이었을 뿐 아니라 해방 정국에서도 좌우합작의 통일 이념으로 제시되었으므로 잊혀져가는 좌우합작의 삼균주의를 미래지향적 남북통일의 이념적 대안으로 되살려야 할 것이다.[75]

한국 교회의 평화와 희년의 통일선언(1995년)에는 공산주의나 자본주의는 절대적인 것이 아니며 분단된 조국에 사는 우리는 서로의 장점을 배우고 공유하는 방식으로 제3의 길을 모색하여야 한다고 선언하였다. 남북의 이념과 체제를 아우르고 양쪽을

---

74) 허호익, "좌파와 우파를 넘어서 '모두가 잘 사는 사회'," 「목회자신문」 2005. 7. 27.
75) 허호익, 『통일을 위한 기독교 신학의 모색 - 남남 및 남북 갈등과 통합적 통일신학』, 335-381; 정학습, "일제하 해외 민족 운동의 左右 합작과 三均主義," 「사회와역사」 1권(1986. 12), 159-203; 정용대, "조소앙의 삼균주의와 민족통일노선," 「정신문화연구」 제27권 제4호(2004. 12), 76.

서로 살리는 '함께 사는 공생적 통일', 남북의 장점을 변증법적으로 종합하여 단점은 지양하고 극복해서 서로를 비슷하게 만드는 '서로 배우며 닮는 수렴적 통일', 새로운 가치와 문화, 새로운 사회 구조와 공동체를 창출해내는 '새롭게 만드는 창조적 통일'을 지향할 것을 선언하였다.76) 따라서 한국 교회가 앞장서서 자본주의와 공산주의를 넘어서는 제3의 길을 통일 이후의 과제로 제시하여야 할 것이다

여전히 통일의 가장 큰 걸림돌 중의 하나는 남남 갈등을 부추기는 반공 이데올로기의 원칙적 반공주의요, 체험적 반공주의이다. 그러나 원칙적 반공주의는 균형 잡힌 의식을 통해 교정되고 6·25전쟁을 통해 형성된 민족적 트라우마와 체험적인 반공주의의 적대감은 죄책의 고백과 용서의 간구와 화해의 실천을 통해 치유되고 회복되어야 한다. 남북이 평화 통일을 하려면 남북이 더욱 친해져야 하는데 친북 인사를 오히려 매도하고, 남북 간에 3통(통상, 통행, 통신)을 통한 소통과 통합이 활발해져야 함에도 불구하고 남북교류와 대북지원을 봉쇄하고 있는 것이 현재의 이명박 정부 대북정책의 현실이다. 따라서 한반도의 평화 통일을 위한 한국 교회의 가장 시급한 과제는 이처럼 반공 이데올로기의 극복에 앞장서는 일임에도 불구하고 일부 교회 지도자들이

---

76) "평화와 통일의 희년선언(1995)" 전문을 참조할 것.

반공 이데올로기를 부추기는 역할을 하고 있는 현실이 안타까울 뿐이다.

일제 말기에는 많은 지도층들이 '일제로부터 독립은 환상'이라고 보고 서슴지 않고 친일을 하였으나, 선각자들은 독립은 반드시 온다는 믿음으로 독립운동에 앞장섰다고 한다. 우리의 선조들이 모든 것을 희생하며 독립운동을 하였듯이 한국 교회도 통일운동에 앞장서야 할 것이다. 시간이 갈수록 통일은 멀어지는 것이 아니라 가까이 오는 것이며, 통일이 이루어져야 '진정한 해방과 독립과 건국'이 완수되는 것이다. 통일이야 말로 하나님이 한국 교회에 부여하신 시대의 사명이요 역사적 과업이기 때문이다.

글쓴이 소개(가나다 순)

김 경 호

연세대학교 신과대학과 연세대학교 연합신학대학원 졸업했다. 향린교회 부목사, 한국민중신학회 운영위원, 강동송파시민단체협의회 대표, 제3시대그리스도교연구소 상임대표, 기독교 연대회의 평화통일위원장, 강남향린교회 담임목사를 역임했다. 현재 위례시민연대 공동대표, 평통사 평화통일연구소 이사, 목회자정의평화실천협의회 교회갱신 위원장, 기장총회 선교교육원 구약학 외래교수로 일하며 들꽃향린교회 담임목사로 있다. 『위기 속에서 대안을 찾다』(평화의나무, 2009), 『시대의 아픔을 넘어서』(평화의 나무, 2008), 『새 역사를 향한 순례』(평화의 나무, 2007), 『야웨신앙의 맥』(평화의 나무, 2007), 『교회로 간 민중신학』(공저, 만우와장공, 2006), 『함께 읽는 구약성서』, 『함께 읽는 신약성서』, 『해방을 위한 사랑의 선한 싸움』 등의 책을 지었다.

정 종 훈

연세대학교 신학과를 졸업하고 장로회신학대학교 신학대학원(M. Div), 장신대대학원(Th. M), 독일 괴팅엔 대학교(Dr. theol.)에서 공부했으며 현재 연세대학교 교목과 교수로서 일하고 있다. 대한예수교장로회 통합 총회사회부 전문위원, 한국기독교교회협의회(NCCK)의 교회와 사회 위원, 신학 위원 등을 역임했고, "평화와 통일을 위한 한국교회 3·1선언"과 "한반도 평화통일을 향한 한국교회 선언(2010)" 그리고 "한국교회 8·15 대성회 선언" 등의 작성위원으로 활동했다. 지금 "평화와통일을위한기독인연대"의 사무총장으로 봉사하고 있다. 『민주주의를 꽃피우는 공공신학』(한국장로교출판사, 2009), 『아들 목사가 쓴 아버지 목사의 인생』(성수동교회출판부, 2008), 『생활신앙으로 살아가기』(대한기독교서회, 2007), 『기독교 사회운동, 어떻게 할 것인가?』(장로교출판사, 2006), 『기독교대학, 어디로 갈 것인가?』(연세대학교출판부, 2006), 『정치 속에서 꽃피는 신앙』(대한기독교서회, 2004), 『기독교사회윤리와 인권』(대한기독교서회, 2003), 『기독교사회윤리와 민주주의』(서울: 한국장로교출판사, 1999) 등의 책을 지었고, *Die deutsche evangelische Sozialethik und die Demokratie seit 1945: Der Beitrag der EKD- Denkschriften zur Demokratie*(Frankfurt am Main/ Berlin/ Bern/ New York/ Paris/ Wien: Peter Lang Verlag, 1997), J. Moltmann, 『하나님 나라의 지평 안에 있는 사회선교』(대한기독교서회, 2000) 등을 옮겼다.

최 형 묵

연세대학교 신학과 및 한신대학교 신학대학원 졸업하고 한신대학교 대학원 박사과정(Th.D.)으로 사회윤리 전공했다. 천안살림교회 담임목사이며 한신대 외래교수이다. 한국신학연구소 연구원 및 계간 『신학사상』 편집장 역임. 한국기독교장로회총회 교회와 사회 위원, 한국기독교교회협의회(NCCK) 신앙과 직제 위원, 제3시대그리스도교연구소 운영위원, 계간 『진보평론』 편집위원이다. 『반전의 희망, 욥 - 고통 가운데서 파멸하지 않는 삶』(동연, 2009), 『무례한 자들의 크리스마스 - 미국 복음주의를 모방한 한국 기독교 보수주의, 그 역사와 정치적 욕망』(공저, 평사리, 2007), 『뒤집어보는 성서인물』(한울출판사, 2006), 『보이지 않는 손이 보이지 않는 것은 그 손이 없기 때문이다』(다산글방, 1999), 『사회 변혁운동과 기독교 신학』(나단출판사, 1992) 등을 지었고, 『예수시대의 민중운동』(한국신학연구소, 1990), 『역대기하』, 국제성서주석 12-2(한국신학연구소, 1991), 『무함마드를 따라서 - 21세기에 이슬람 다시 보기』(심산출판사, 2005) 등을 옮겼다.

허 호 익

연세대학교 신학과와 연세대학교 신학대학원(신학박사: 조직신학 전공), 장로회신학대학교 신학대학원 졸업(M. Div.)했다. 연세대학교 백낙준 명예총장 비서와 한국기독교학회 총무를 역임했다. 현재 대전신학대학교 교수이며 예장(통합) 목사, 예장 총회 이단사이비대책위원회 전문위원, 한국문화신학회 부회장 등을 맡고 있다. 『예수 그리스도 1, 2』(동연, 2010), 『통일을 위한 기독교 신학의 모색』(동연, 2010), 『신앙, 성서, 교회를 위한 기독교 신학』(동연, 2009), 『귀츨라프의 생애와 조선 선교활동』(한국기독교역사연구소, 2009), 『길선주 목사의 목회와 신학사상』(대한기독교서회, 2009), 『단군신화와 기독교』(대한기독교서회, 2003), 『예수 그리스도 바로보기』(한들출판사, 2003), 『현대조직신학의 이해』(대한기독교서회, 2003), 『그리스도의 삼직무론』(한국장로교출판사, 1999), 『성서의 앞선 생각 I』(한국장로교출판사, 1998) 등의 책을 지었고, V. G. Simkhovitch, 『예수의 사상과 역사적 배경』(대한기독교서회, 1980), K. S. Latourette, 『기독교의 역사』(대한기독교출판사, 1982) 등의 책을 옮겼다.

위기의 한국 교회,

진단과 대안 - 연세신학연구회 30주년 기념논문집

2010년 10월 13일 초판 1쇄 인쇄
2010년 10월 19일 초판 1쇄 발행

지은이 허호익 김경호 정종훈 최형묵
펴낸이 김영호
펴낸곳 도서출판 동연
등 록 제1-1383호(1992. 6. 12)
주 소 서울시 마포구 망원2동 472-11 2층
전 화 (02)335-2630(영업부), 335-4110(편집부)
전 송 (02)335-2640
이메일 ymedia@paran.com
홈페이지 www.y-media.co.kr

ISBN 978-89-6447-123-4 93200